AF590724

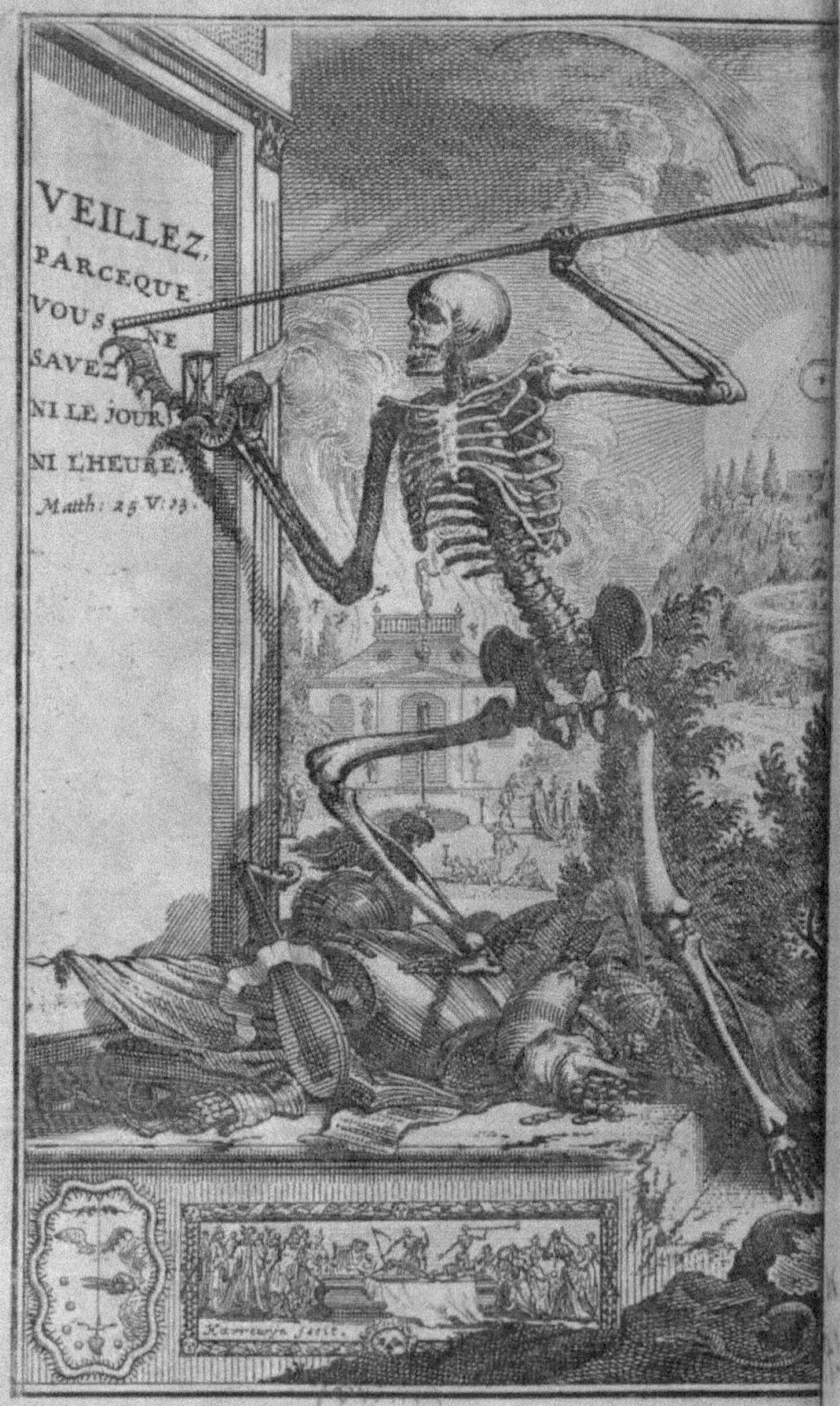
VEILLEZ,
PARCEQUE
VOUS NE
SAVEZ
NI LE JOUR
NI L'HEURE.
Matth: 25 V: 13.
Harrewyn fecit.

DOUBLE PREPARATION A LA MORT,

Par le PERE JEAN CRASSET, *de la Compagnie de* JESUS.

QUINZIEME EDITION.

Revuë, corrigée, & augmentée d'un Exercice de Preparation à la Mort pour tous les jours de la semaine,

Et des Prieres de l'Eglise pour les Agonisans.

A BRUSSELLE,
Chez FRANÇOIS FOPPENS.
MDCCXXVII.

Acq Cobourg

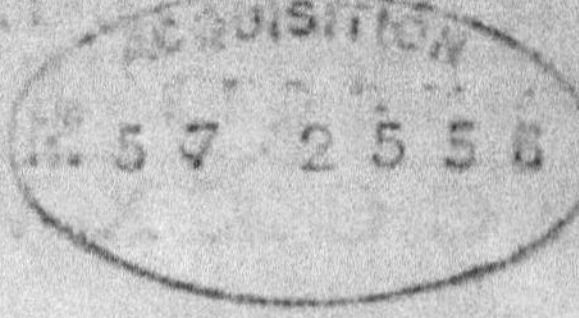

AVERTISSEMENT.

*Feu le Pere Crasset Jesuite * en composant cette Preparation à la Mort, eut sur tout en vuë d'être utile aux gens de la Campagne. C'est dans ce même dessein que l'on a revû de nouveau cet Ovrage. On n'y a rien ôté de l'affection & de l'onction qui sont particulieres aux Traitez de pieté de cet Auteur, & l'on s'est contenté de retoucher ici quelques endroits que ce saint Homme n'auroit pas manqué de corriger lui même, s'il avoit vêcu. On y a ajoûté un Exercice de Pre-*

* Le Pere Jean Crasset naquit à Dieppe le 3 Janvier 1618 ; il entra dans la Compagnie de Jesus à Paris le 28 Août 1638, & il y mourut le 4 Janvier 1692, commençant sa 75 année. Il a composé plusieurs Ouvrages de Pieté, qui sont d'une Onction admirable, dont on trouvera la Note à la fin de ce livre.

paration à la mort pour tous les jours de la Semaine ; & dans l'état où se trouve presentement ce petit Livre, on se flatte qu'il sera également profitable aux personnes éclairées qui veulent se sauver, & à ceux qui ont peu de lumieres & de pratique dans l'affaire du salut.

Comme ces derniers sont en plus grand nombre que les autres, & qu'ils se trouvent sur tout répandus à la campagne, ce sera une grande charité de distribuer de ces Livres dans les Villages, d'en donner aux Prêtres, & à Mrs. les Curez, & de faire la même charité aux pauvres qui sont dans les Villes. Cette aumône leur sera plus avantageuse que celle qu'on leur feroit de grosses sommes d'argent, puisque c'est le moien de leur procurer un bonheur éternel : & que les aidant ainsi à bien mourir, on aura lieu d'esperer que Dieu donnera la grace d'une bonne mort à ceux qui auront fait cette charité.

Il y a des Curez de la Campagne qui assemblent une fois le mois les Païsans dans leur Eglise, pour reciter devant eux quelques-unes de ces Preparations. Cet usage ne peut être trop recommandé, & ne sauroit produire qu'un grand bien ; car ces pauvres gens apprennent par ce moien à bien vivre & à bien mourir, & se trouvent en état de produire des actes de Vertus, dont la pratique leur étoit auparavant inconnuë, lesquels, quoi qu'ils soient necessaires en tout tems & à toutes sortes de personnes, le sont principalement à la fin de la vie.

Les Peres & Meres pourront aussi une fois le mois, ou plus souvent, assembler leurs Enfans & leurs Domestiques le soir, & après les avoir avertis de se considerer comme prêts à mourir, reciter une de ces Preparations à genoux en leur presence.

Chaque particulier peut faire la même chose une ou plusieurs fois le mois, dans l'Eglise ou dans sa maison, avant que de se confesser ou de communier. Les actes de Vertus qu'on produit en les recitant, serviront à exciter dans le cœur la contrition & la devotion qu'on doit avoir pour s'y presenter.

On peut lire aussi ces Preparations, lorsqu'on se sent agité de quelque forte tentation, rien n'étant plus capable de la reprimer que la pensée de la mort.

Ceux qui visitent ou qui assistent les Malades n'ont qu'à leur lire de tems en tems quelques-unes de ces Preparations : mais qu'ils se souviennent de ne les pas lasser ni accabler par une trop longue lecture. Il leur faut donner peu de nourriture à la fois & la reïterer.

Ceux qui liront ces Preparations devant les malades, ou qui reciteront les Litanies, ou qui produiront quelques-uns des Actes marquez ici, doivent le faire doucement & d'une voix intelligible, afin que le Malade puisse les entendre sans en être fatigué.

Il y a des sentimens fort tendres de devotion, lors qu'on presente le Crucifix à un malade, qu'on ne peut pas mettre ici pour être trop longs, & qu'on trouvera dans le Livre de la douce & sainte Mort, *en la seconde Partie, section neuvieme, pag. 251 de l'impression de Brusselle.*

PREPA-

PREPARATION A LA MORT.

Combien il importe de se preparer à la mort.

S'Il est un tems auquel tout Chrétien est obligé de prier Dieu, & de produire des actes d'amour, c'est celui de la mort: tems où le danger de perir éternellement nous menace de plus près: tems où l'on a plus besoin que jamais de la grace de la perseverance, qu'on ne peut trop demander à Dieu, parce qu'il ne la doit à personne: tems enfin où il convient le plus d'accomplir le premier & le plus indispensable de tous les commandemens, qui nous oblige d'aimer Dieu en tout tems, mais principalement à la fin de la vie. C'est le tems cependant où l'on eſt le moins capable de le faire. Car outre qu'on eſt ſouvent ſurpris, que l'on perd pour l'ordinaire l'uſage de la raiſon, ou qu'on n'a pas l'eſprit aſſez libre pour s'appliquer à ſon devoir ; un malade ne ſonge gueres qu'à ſon mal ; ou s'il penſe quelquefois à Dieu, les douleurs qui le preſſent, & la crainte dont il eſt ſaiſi, ne lui permettent pas de concevoir comme il devroit de l'amour pour ſon Dieu, & l'empêchent de produire les actes de vertus qui lui ſont alors ſi neceſſaires.

C'eſt pour cela qu'il eſt de la prudence de produire ſouvent pendant la vie les actes que nous allons tracer ici, de peur qu'on n'ait pas la force de s'en acquitter à la mort. Car ſans compter qu'on s'en facilitera l'uſage par l'habitude qu'on en acquerra ; Dieu dont la bonté eſt infinie, & qui ne deſire rien tant que de nous ſauver, acceptera (comme il l'a revelé à pluſieurs de ſes Saints) la preparation qu'on fait pendant la vie, au défaut de celle qu'on ne pourra peut-être pas faire à la mort.

Ainſi pour aſſurer l'affaire de votre ſalut, & pour vous diſpoſer à faire heureuſement le grand voiage de l'Eternité, mettez-vous une fois le mois, ou plus ſouvent ſi vous le pouvez, en état de mourir, & conſiderez-vous comme un malade prêt à rendre l'ame. Faites une confeſſion ſpirituelle à Dieu des principaux pechez de votre vie. Recevez ſpirituellement le Viatique & l'Extreme-Onction ; puis recitez les Litanies ſuivantes, pour demander à Dieu la grace de la perſeverance, & produiſez les Actes de vertu que nous mettons enſuite.

I. PREPARATION.

Prieres en forme de Litanies pour demander une bonne mort.

Au nom du Pere, & du Fils, & du St. Eſprit. Ainſi ſoit-il.

SEigneur, aiez pitié de nous,
  A l'heure de notre mort.
Jeſus-Chriſt, ſecourez-nous,
  A l'heure de notre mort.
Pere celeſte notre Dieu, aiez pitié de nous,
  A l'heure de notre mort.

Saint Esprit notre Dieu, aiez pitié de nous,

A l'heure de notre mort.

Ste. Trinité, qui n'étes qu'un Dieu, aiez pitié de nous,

A l'heure de notre mort.

Sainte Marie Mere de Dieu,

Obtenez-nous une bonne mort.

Vierge sainte, qui étes la Porte du Ciel, la Mere des Elus, l'Avocate des hommes, l'Asile & le Refuge des pecheurs,

Obtenez-nous une bonne mort.

Marie, qui avez été presente à la mort de votre Fils Jesus, & qui l'avez vû expirer sur une Croix,

Obtenez-nous une bonne mort.

Marie, qui étes morte d'amour, & qui avez été consomée dans les flâmes de la charité,

Obtenez-nous une bonne mort.

Marie, qui procurez à vos veritables enfans & à vos serviteurs fideles la grace de penitence & de perseverance finale,

Obtenez-nous une bonne mort.

Saint Joseph, nourricier de Jesus-Christ, chaste Epoux de la Sainte Vierge, qui avez rendu votre esprit entre leurs bras,

Obtenez-nous une bonne mort.

St. Michel, St. Gabriel, St. Raphaël, tous les Anges du Paradis,

Obtenez-nous une bonne mort.

St. Jean-Bâtiſte, tous les Patriarches & Prophetes,

Obtenez-nous une bonne mort.

St. Pierre, St. Paul, tous les Saints Apôtres & Evangeliſtes,

Obtenez-nous une bonne mort.

St. Etienne, St. Laurent, tous les Saints & Martyrs de Jeſus-Chriſt,

Obtenez nous une bonne mort.

St. Sylveſtre, St. Gregoire, tous les Saints Pontifes & Confeſſeurs,

Obtenez-nous une bonne mort.

St. Antoine, St. Benoit, tous les Saints Patriarches & Levites, Moines & Hermites,

Obtenez-nous une bonne mort.

Ste. Marie Madelaine, Ste. Agathe, Ste. Agnes, toutes les Saintes Vierges & Veuves,

Obtenez-nous une bonne mort,

Tous les Saints & Saintes de Dieu,

Intercedez pour nous, & nous obtenez une bonne mort.

Je croi, mon Dieu, tout ce que votre ſainte Egliſe croit : Je condamne tout ce qu'elle condamne, & je veux mourir dans sa Communion,

Ne m'abandonnez pas, &c.

J'espere que vous me pardonnerez tous mes pechez, & que vous m'accorderez par votre pure bonté, la grace de bien mourir,

Ne m'abandonnez pas, &c.

J'espere que vous ne me retirerez point de ce monde, avant que j'aie fait penitence, & que je sois muni des Sacremens,

Ne m'abandonnez pas, &c.

J'espere que vous m'assisterez à la mort, que vous me défendrez contre les tentations de mes ennemis, & que mon ame se separant de mon corps, vous voudrez bien la recevoir dans votre saint Paradis,

Ne m'abandonnez pas, &c.

J'ai une tres-grande douleur, ô mon Dieu, de vous avoir offensé. Je me soûmets à tous les chatimens que votre Justice voudra tirer de moi; & je veux commencer aujourd'hui à vous aimer & vous aimer jusques à la mort, puisque je ne vous ai pas aimé pendant ma vie,

Ne m'abandonnez pas, &c.

Je veux mourir pour expier par ma mort & par mes douleurs, tous les pechez que j'ai commis, depuis que je ſuis au monde,

Ne m'abandonnez pas, &c.

Je veux mourir pour votre gloire, & pour vous témoigner par le ſacrifice de ma vie, que je vous aime plus que moi-même,

Ne m'abandonnez pas, &c.

Je veux mourir pour obéir à vos ordres, & pour me ſoumettre à l'arrêt que vous avez porté contre moi & contre tous les hommes,

Ne m'abandonnez pas, &c.

Je veux mourir pour vous voir, pour vous poſſeder, pour vous loüer, & pour vous aimer dans le Ciel pendant toute l'éternité,

Ne m'abandonnez pas, &c.

Je veux mourir pour ne plus vous offenſer, puiſqu'on ne peut vivre ſans peché,

Ne m'abandonnez pas, &c.

Je veux mourir en action de graces, pour tous les biens que vous m'avez faits dans le tems, & pour tous ceux que vous me ferez dans l'éternité,

Ne m'abandonnez pas, &c.

Je veux mourir enfin, parce que vous étes mort ; & mourir pour vous, parce que vous étes mort pour moi, Ne m'abandonnez pas, &c.

Delivrez-moi des embûches de ſatan mon ennemi & le votre. Liez ce fort armé, & ne ſouffrez pas que je tombe ſous ſa puiſſance,
O bon Jeſus.

Delivrez-moi de la mort éternelle, & des peines de l'Enfer : & de ce que je crains encore plus que l'Enfer, c'eſt à dire, de votre haine, de votre colere, & de votre malediction,
O bon Jeſus.

Delivrez-moi de la tentation d'infidelité, de preſomption, de crainte, de puſillanimité & de deſeſpoir,
O bon Jeſus.

Delivrez-moi de la tentation, de triſteſſe, de chagrin, de murmure, d'impatience, & du trop grand deſir de recouvrer la ſanté,
O bon Jeſus.

Delivrez-moi de tout mal & de tout danger au corps & en l'ame, dans le tems & dans l'éternité,
O bon Jeſus.

Quand je ſerai abandonné de tout ſecours humain, dans ma derniere maladie, ne m'abandonnez pas,

O bon Jeſus.

Quand je ſerai ſans force, ſans courage, & ſans conſolation, ne vous éloignez pas de moi,

O bon Jeſus.

Quand mon eſprit ſera plongé dans les tenebres, que mon cœur ſera dans la triſteſſe, & mon corps dans les douleurs, viſitez-moi, & ſoutenez-moi dans mes peines,

O bon Jeſus.

Quand les demons ſe preſenteront devant mes yeux pour me tenter, pour m'accuſer, & pour me perdre, quand mon ame luttera avec les douleurs de la mort; quand elle ſortira de ſon corps pour vous être preſentée, recevez-la entre vos mains, & ne la laiſſez pas perir,

O bon Jeſus.

Faites-nous la grace de vous recevoir en Viatique, & d'être munis des Sacremens de l'Egliſe avant que de mourir & de ſortir de ce monde,

O bon Jeſus.

Regardez-nous comme les enfans de la sainte Vierge, que vous nous avez donnée pour Mere sur le Calvaire, en la personne du plus fidelle de vos Disciples,

O bon Jesus.

Faites-nous la grace d'envoier du Ciel St. Michel avec ses Anges, pour nous défendre contre nos ennemis, & pour recevoir notre esprit au moment de sa separation d'avec notre corps,

O bon Jesus.

Faites-nous la grace de nous consoler dans le Purgatoire, si vous nous y condamnez, & de nous en tirer au plûtôt pour joüir de votre divine presence,

O bon Jesus.

Par le Mystere de votre Incarnation & de votre Naissance,

Seigneur donnez-nous une bonne mort.

Par la sueur de sang que vous avez versée dans le Jardin des Olives, & par la tristesse de votre sacré Cœur,

Seigneur, donnez-nous une bonne mort.

Par les tourmens de votre passion, & par les plaies, dont on a couvert votre chair innocente,

Seigneur, donnez-nous une bonne mort.

Par la soif cruelle que vous avez soufferte sur la Croix; par l'affliction extrême que ressentit votre Ste. Mere; par le terrible abandonnement où se trouva votre sainte Ame, par votre mort & par votre agonie,

Seigneur, donnez-nous une bonne mort.

Par les prieres & les merites de votre sainte Mere,

Seigneur, donnez-nous, &c.

Par les prieres & les merites de votre sainte Eglise,

Seigneur, donnez-nous une bonne mort.

Par les prieres & les merites de tous les Saints & Saintes du Paradis,

Seigneur, donnez-nous une bonne mort.

Agneau de Dieu, qui portez & qui effacez les pechez du monde,

Seigneur, pardonnez-nous.

Agneau de Dieu, qui portez & qui ef-

facez les pechez du monde,
Seigneur, exaucez-nous.
Agneau de Dieu, qui portez & qui effacez les pechez du monde,
Seigneur, ayez pitié de nous.
Jesus-Christ, écoutez-nous.
Jesus-Christ, exaucez-nous.

Prions.

QUe la tres-heureuse Vierge Marie votre Mere, ô Seigneur Jesus, intervienne pour nous auprès de votre bonté, maintenant & à l'heure de notre mort : elle dont l'ame sacrée fut percée d'un glaive de douleur au tems de votre Passion ; & que celle qui a assisté à votre mort, assiste aussi à la nôtre, & reçoive notre esprit entre ses mains, pour vous le presenter, ô Jesus notre Dieu, notre Juge & notre Sauveur, qui vivez & regnez avec Dieu votre Pere dans l'unité du St. Esprit, par tous les siecles des siecles. Ainsi soit-il.

Oraison à la sainte Vierge.

NOus vous supplions, ô tres-sainte & tres-digne Mere de Dieu, de ne pas souffrir que notre ame, que votre

Fils a rachetée de ſon precieux Sang, ſoit damnée pour une Eternité : mais au contraire défendez-nous à l'heure de notre mort, contre les ennemis de notre ſalut. Ainſi ſoit-il.

Oraiſon à Saint Joſeph.

O Bienheureux & glorieux Patriarche Saint Joſeph, qui avez eu la plus belle de toutes les morts ; obtenez nous la grace de mourir, comme vous, entre les bras de Jeſus & Marie, afin que nous joüiſſions de Dieu avec vous dans le Ciel. Ainſi ſoit-il.

Oraiſon à Sainte Barbe.

SAinte Barbe, glorieuſe victime de la Foi, qui obtenez à ceux qui vous invoquent, la grace de ne point ſortir de ce monde ſans avoir reçu les derniers Sacremens : nous vous ſupplions treshumblement de nous procurer cette faveur ; afin qu'étant ſauvez par votre moien, nous chantions les loüanges de Dieu dans le Paradis, où Jeſus-Chriſt vit & regne avec Dieu ſon Pere, & le Saint Eſprit, dans tous les ſiecles éternels. Ainſi ſoit-il.

II. PREPARATION.

Actes de vertus qu'on doit produire à la mort & pendant la vie.

Au nom du Pere, & du Fils, & du Saint Esprit.

COmme je ne sai pas l'heure de ma mort, & que je ne puis savoir si j'aurai assez de tems pour m'y preparer, & assez de force & de connoissance pour appliquer mon esprit à l'affaire de mon salut; je vous supplie, ô mon Dieu, d'accepter les resolutions que je forme à present, & de recevoir cette Preparation, au defaut de celle que je ne pourrai peut-être pas faire à la fin de ma vie.

Acte de Foi & d'Amour.

SOuveraine & adorable Majesté, qui m'avez mis au monde pour vous servir, pour vous honorer, pour vous aimer, & pour garder vos divins Commandemens: Voici qu'étendu sur ce lit de la mort, & prêt à rendre l'ame (si vous en ordonnez ainsi) je confesse que vous étes mon Dieu, l'unique Seigneur de l'Univers, le principe de mon être, l'objet de toutes mes esperances, & le souverain bien, qui seul me peut rendre heureux. Je vous adore avec tout le respect dont je suis capable, & je soumets mon esprit à toutes les veritez que vous avez revelées. Je croi tout ce que la Sainte Eglise Catholique, Apostolique & Romaine nous enseigne. Je condamne tout ce qu'elle condamne & je veux mourir dans la communion de ceux qui la reconnoissent pour leur Mere.

Acte de Remerciment.

JE vous remercie, mon Dieu, des biens infinis que vous m'avez faits, & des maux dont vous m'avez preservé & delivré pendant ma vie. Je vous remercie d'avoir fait servir tout l'Univers à mes besoins.

Quelle grace, de m'avoir fait naître de parens catholiques; de m'avoir adopté pour un de vos enfans; de m'avoir nourri de la chair & du sang de votre Fils bien-aimé, & de m'avoir animé de son esprit? Que vous rendrai-je, Seigneur, pour tant de lumieres dont vous avez éclairé mon esprit, pour tant de consolations que vous avez versées dans mon cœur, pour tant de maux dont vous m'avez delivré, pour tant de pechez que vous m'avez pardonnez, & pour la patience que vous avez euë de m'attendre & de me supporter l'espace de tant d'années ?

O mon Dieu, c'est trop peu qu'une éternité pour vous remercier.

Qu'est-ce qu'une vie pour vous aimer, & pour reconnoître des graces si signalées ? Si j'en avois autant que j'ai vêcu de jours sur la terre, je devrois les sacrifier toutes à votre gloire. Mais helas ! je n'en ai qu'une, qui vous appartient par une infinité de titres, & que j'ai presque toute consommée à vous offenser. Je vous l'offre, ô mon Dieu, toute miserable qu'elle est. Je vous prie de la recevoir, en reconnoissance de vos bontez, & en satisfaction de mes crimes ; il ne depend pas de moi de mourir, ou de ne mourir pas : mais je meurs aussi volontiers, que si la mort dependoit de ma volonté ; & si j'étois immortel, je vous demanderois la mort en grace, pour vous honorer par le sacrifice de ma vie, & pour vous

vous marquer ma reconnoiſſance & mon amour, par la perte de la choſe du monde qui m'eſt la plus chere.

Acte de Contrition.

DE quelque côté que je regarde ma vie, helas! elle me paroit effroiable. Le nombre de mes pechez eſt infini, leur malice n'a point d'exemple, & leur durée a été auſſi longue que celle de mes jours. Que ferai-je, & où fuïrai-je, ſinon entre vos bras, Dieu de bonté & de miſericorde? Je ſerois ſans eſperance, ſi je ne ſavois que vous ne voulez pas la mort du pecheur, mais que vous deſirez qu'il ſe convertiſſe, & qu'il vive.

Convertiſſez-moi donc, ô mon Dieu; car je confeſſe que je ſuis le plus grand de tous les pecheurs. Aiez pitié de moi, ſelon la plus grande de vos miſericordes. Effacez mon iniquité, par la multitude de vos bontez. Lavez-moi de plus en plus, & purifiez-moi de mes offences: car mon peché eſt toûjours devant moi, & remplit mon ame de frayeur. Il me reproche mes perfidies & mes ingratitudes, & me dit que je dois mourir, puiſque j'ai été aſſez méchant pour vous offencer.

O mon Pere ! j'ai peché contre le Ciel & contre vous. Je ne ſuis pas digne d'être appellé votre enfant ; ce m'eſt trop d'honneur d'être au nombre de vos eſclaves. Je confeſſe que je ſuis coupable ; & pour marque de ma douleur, je conſens que ce corps qui a été ſoüillé par tant de ſales plaiſirs, ſoit purifié par les ſouffrances. Je veux qu'il ſoit mangé par les vers, & reduit en cendres après ma mort.

Mais quoi, Seigneur, avez-vous ceſſé d'être mon pere, parce que j'ai oublié que j'étois votre enfant ? N'avez-vous plus ces entrailles de miſericorde, qui vous ont fait livrer votre Fils à la mort pour les pecheurs ? Si j'ai commis de quoi me damner, avez vous perdu de quoi me ſauver ? N'entrez point en jugement, ô Dieu de miſericorde, avec votre pauvre ſerviteur : car il n'y a pas d'homme vivant, quelque ſaint qu'il ſoit, qui puiſſe ſe juſtifier en votre preſence.

O doux Jeſus ! ô Sauveur de mon ame ! ô conſolation des Ames affligées ! ô refuge des pauvres pecheurs ! je me jette entre vos bras, & je vous prie d'être mon Mediateur auprès de Dieu votre Pere. Souvenez-vous que c'est pour mon amour que vous étes descendu du Ciel en terre : que c'est pour me chercher que vous avez fait tant de voyages : que vous étes monté sur une Croix pour me sauver, & que pour me rendre riche & heureux, vous vous étes rendu le plus pauvre & le plus affligé de tous les hommes. Vous vous étes fatigué & lassé jusqu'à la mort pour me chercher. Vous avez versé votre Sang precieux pour me racheter. O que tant de pas, tant de travaux, tant de prieres, tant de larmes, tant de sang & tant de tourmens, ne soient pas pour moy infructueux & inutiles.

Vous n'avez jamais méprisé un cœur contrit & humilié. Penetrez le mien de douleur. Regardez les plaies que vous avez reçues pour mon salut. O Sauveur des hommes ! ne perdez pas une ame que vous avez aimée si tendrement, & qui vous a tant couté à sauver.

Acte d'Esperance.

C'Est en vous seul que j'espere, ô mon Dieu, parce que vous étes mon Pere, mon Createur & mon Redempteur. C'est sur votre bonté, & sur les merites de votre Fils JESUS, que je fonde toutes mes esperances. Quelques crimes que j'aie commis, je me garderai bien de me desesperer jamais, parce que le desespoir est un des plus grands pechez que l'on puisse commettre; & que vous eussiez pardonné à Judas sa perfidie, s'il eût eu recours à vous. Sauvez-moy, Seigneur, & me delivrez de l'enfer, puisque j'espere en votre misericorde. Que les merites de votre Fils bien-aimé, supléent au défaut des miens: & accordez à sa justice la grace que vous ne devez pas à la mienne.

Vous voiez à quelle extremité je suis reduit. Voila mon corps accablé de douleurs, mon esprit plongé dans les tenebres, mon ame prête à quitter mon corps, & en danger de tomber dans les abîmes, si vous ne luy tendez la main. Il n'y a personne qui me puisse consoler dans mon affliction, ni me soulager dans mes peines, ni me défendre dans mes combats, sinon vous, ô mon Dieu, mon Refuge & mon Liberateur. Ecoutez donc, s'il vous plaît, ma priere Rendez-vous sensible à ma douleur, & delivrez-moy du danger où je suis.

Je vous recommande mon esprit, & je mets mon corps & mon ame entre vos mains. Vous étes un Dieu de bonté, qui m'avez racheté ; un Dieu de verité, qui ne manquez jamais à vos promesses. N'avez vous pas protesté & juré, que celui qui mettra son esperance en vous, ne tombera point sous la puissance de ses ennemis ; & que celui qui mangera votre sacré Corps, aura la vie éternelle? Je l'ai mangé, Seigneur, par votre grace. Je crois en vous, & j'espere en votre misericorde. Ne souffrez donc pas que je perisse. Prenez-moy sous vous protection, & ne laissez pas tomber dans la confusion éternelle un de vos serviteurs qui met en vous son esperance.

Acte d'Amour.

AImons Dieu, parce qu'il nous a aimez le premier : son amour est aussi ancien que lui-même. Il est éternel, nous ayant aimez de toute éternité.

Il nous a aimez d'un amour de preference, nous ayant choisis parmi tant de Barbares, qu'il a laissez dans les tenebres de l'infidelité.

Il nous a aimez d'un amour desinteressé, n'ayant aucun besoin de nos services, & n'attendant rien de nous.

Il nous a aimez d'un amour tendre, tel qu'est celui d'une Mere qui nourrit son enfant à la mamelle. Ce sont les qualitez qu'il prend dans l'Ecriture.

Il nous a aimez d'un amour fort & genereux : ayant surmonté pour nous toutes les difficultez & toutes les repugnances qu'il avoit à aimer des pecheurs, des ingrats & des rebelles.

Il nous a aimez d'un amour infini, puisqu'il nous aime de l'amour dont il s'aime lui-même ; puisqu'il nous veut donner son Paradis, lequel est un bien infini, & que le sang que son Fils a versé pour nous, est d'un prix infini.

Il nous a aimez d'un amour constant & invariable, n'ayant jamais cessé de nous faire du bien & de nous attendre à penitence.

O que le Dieu d'Israël est bon! qu'il est doux & qu'il est aimable! qu'il est bienfaisant & patient! Mon ame, beni ton Seigneur ; & que toutes mes entrailles loüent son saint Nom : car c'est lui qui te pardonne toutes tes offences, c'est lui qui guerit toutes tes infirmitez, c'est lui qui t'a rachetée & qui t'a tirée du gouffre de la mort, c'est lui qui te couronne de graces & de misericordes, c'est lui qui remplit tes desirs de l'abondance de ses biens, c'est lui qui va renouveller ta jeunesse comme celle d'un aigle, & te revêtir d'immortalité.

O Seigneur, que j'ai de douleur de vous avoir offencé! Comment ai-je pû vous quitter, source de consolations infinies, pour aller boire dans des citernes bourbeuses, où il n'y avoit pas une goute d'eau pure pour étancher ma soif? Malheur à mes tenebres & à mon ignorance: malheur au tems que je ne vous ai point connu: malheur au tems que je ne vous ai point aimé. Je vous ai trop tôt offencé, ô beauté toujours ancienne & toujours nouvelle! Je vous ai trop tard aimé, ô beauté toujours aimable & toujours méprisée! Mais ne vaut-il pas mieux tard que jamais?

Je vous aimerai donc desormais, mon Seigneur, parce que vous étes ma force, mon appui, mon refuge, & mon liberateur. Je vous aimerai, parce que vous m'avez aimé de toute éternité, & que vous voulez encore m'aimer éternellement. Je vous aimerai parce que vous avez tiré mon ame de l'enfer inferieur, & que vous avez bien voulu prendre ſur vous toutes nos miſeres, pour me delivrer d'une miſere éternelle. Je vous aimerai, parce que vous avez donné votre vie pour l'expiation de mes crimes. Je vous aimerai, parce qu'il n'y a rien qui vous ſoit comparable, qu'il n'y a que vous ſeul qui puiſſiez calmer & remplir les deſirs inſatiables de mon cœur.

O Dieu, qui m'avez créé lorſque je n'étois qu'un pur neant! ô Dieu, qui m'avez racheté lorſque j'étois eſclave! ô Dieu qui m'avez aimé lorſque je vous offenſois, qui m'avez ſauvé lorſque j'étois perdu, qui m'avez cherché lorſque j'étois égaré, qui m'avez fait grace lorſque j'étois rebelle! que ferai-je pour reconnoître vos bontez, & pour vous marquer les ſentimens de mon cœur? Vous nous avez dit, qu'il n'y a point de plus grand amour que de mourir pour la perſonne qu'on aime. Je vous declare donc que je veux mourir pour vous. Je vous donne & conſacre ma vie; j'accepte la mort avec toutes ses suites; & je dis de cœur & de bouche avec un de vos Apôtres: Allons nous autres, allons, & mourons avec lui: mourons pour celui qui est mort pour nous, mourons dans son amour; & s'il est possible, mourons d'amour.

Acte de Conformité.

JE sçai, mon Dieu, qu'il n'arrive rien en ce monde que par vos ordres, & qu'on ne peut m'arracher un cheveu de la tête sans votre permission. Je sçai que vous m'aimez, & que vous ne desirez point la mort du pecheur, mais que vous voulez qu'il se convertisse, & qu'il vive.

Je sçai que c'est pour mon bien que vous m'avez envoié cette maladie, & que nulle creature ne peut separer mon ame de mon corps, si vous ne le voulez. J'accepte donc la mort, & je me soumets à votre divine volonté, faites-moy seulement misericorde; que votre volonté se fasse toujours, & que la mienne ne se fasse jamais, si elle n'est conforme à la vôtre.

Mon Pere, voila le Calice de la mort

qui m'eſt preſenté de votre part, & qui me ſemble bien amer: ſi cela ſe peut diſpenſez-moy de le boire; éloignez-le, s'il eſt poſſible, de ma bouche: toutefois que votre volonté ſe faſſe, & non pas la mienne.

Mon Pere, je ſens de grandes douleurs dans mon corps & dans mon eſprit. Les horreurs de la mort m'aſſiegent de toutes parts. Je ſuis brulé du feu de la fievre. Voila une fluxion qui me tombe ſur la poitrine, & qui m'étouffe. Une colique furieuſe me déchire les entrailles. On me fait des inciſions douloureuſes. Mon Dieu delivrez-moy de ces tourmens, adouciſſez mes peines, rendez-moy la ſanté; toutefois mon Dieu, que votre volonté ſe faſſe, & non pas la mienne.

Je vous abandonne le ſoin de mon corps & de mon ame pour le temps & pour l'éternité. Si vous voulez me tirer de ce monde, & m'appeller à vous, j'en ſuis content, votre ſaint Nom ſoit beni. Si vous voulez me laiſſer encore ſur la terre pour faire penitence, & pour vous rendre ſervice, je ne refuſe point le travail: que votre volonté ſe faſſe, & non pas la mienne. Mon cœur eſt prêt, mon Dieu, mon cœur est prêt. Il est prêt à vivre; il est prêt à mourir. Il est prêt à monter au Ciel; il est prêt à demeurer sur la terre. Il est prêt à tout faire; il est prêt à tout souffrir. Je n'ai rien à vous demander; je n'ai rien à vous dire; je n'ai rien à desirer, sinon que votre volonté se fasse, & non pas la mienne.

Mon Pere qui étes dans les Cieux, où vous m'attendez, & où vous me preparez une couronne; que votre Nom soit sanctifié & honoré de toutes vos creatures. Que votre Roiaume nous arrive, & nous delivre de la servitude du monde, du peché & de la mort. Que votre volonté s'accomplisse sur la Terre, comme elle est accomplie dans le Ciel: qu'elle dispose de moi & de tout ce qui m'appartient; de mon corps, de mon ame, de ma vie, de ma santé, sans avoir égerd ni à mes inclinations, ni à mes repugnances. donnez-moi seulement le secours de votre grace pour accomplir vos volontez. Ne souffrez pas que je succombe aux tentations de mes ennemis; mais delivrez-moi de la mort éternelle par les merites de Jesus-Christ, votre Fils Notre-Seigneur, qui vit & regne avec vous dans les siecles des siecles. Ainsi soit-il.

Acte de Desir.

COmme le Cerf poursuivi des chiens soupire avec ardeur après la fraicheur des eaux; ainsi mon ame soupire après vous, ô mon Seigneur & mon Dieu. Je me suis rejouï lors qu'on m'a dit : Nous nous en allons à la Maison du Seigneur. O belle Ville de Jerusalem ! ô sainte Cité de Sion, dont les Habitans sont unis ensemble par des liens inviolables de concorde & de paix ! ô Dieu des vertus, que vos Tabernacles sont beaux ! qu'ils sont riches, qu'ils sont aimables ! Mon ame languit du desir d'entrer dans votre sacré Palais, & de vous y loüer en la compagnie des Anges. O qu'heureux sont ceux qui habitent en votre Maison ! ils y chanteront vos loüanges dans les siecles des siecles.

Dieu des Armées, exaucez mes prieres, & jettez les yeux sur le visage de votre Christ ; car un jour vaut mieux dans votre Maison, que mille des plus heureux dans les tabernacles des pecheurs. Je ſuis ici ſur le bord des fleuves de Babylone, où je mêle me larmes avec le courant de leurs eaux. On me dit: Prenez votre harpe, touchez-la; chantez-nous les beaux Cantiques de Sion. He! comment puis-je chanter des Cantiques au Seigneur, dans une terre étrangere? O Jeruſalem! ô ſainte Sion! ſi je t'oublie jamais, que ma droite ſoit miſe en oubli, que ma langue demeure attachée à mon palais, ſi je ne me ſouviens toûjours de toi.

Venez, mon Seigneur Jeſus, venez au plûtôt me rappeller de cet exil. Tirez mon ame de ſa priſon, afin qu'elle beniſſe votre ſaint Nom.

Les Juſtes m'attendent, hâtez-vous de m'appeller à leur compagnie, afin que je vous loüe, & que je vous beniſſe avec eux durant toute l'éternité.

C'eſt la priere que vous fait la plus abjecte de toutes vos créatures, & le dernier de tous vos ſerviteurs. Je meurs comblé de joie, parce que je meurs enfant de votre ſainte Mere & de votre ſainte Egliſe, dans la Communion des Saints qui vous ſervent ſur la Terre, & qui regnent avec vous dans le Ciel, où j'eſpere vous voir, & vous aimer avec eux dans tous les siecles des siecles. Ainsi soit-il.

Les Litanies precedentes, aussi-bien que ces Actes, doivent être recitées & lues à un malade doucement, les uns après les autres, & à plusieurs reprises, pour relever son esprit abbatu par la douleur, pour entretenir sa devotion, pour le fortifier contre les tentations du Diable, & pour lui procurer une bonne mort.

III. PREPARATION.

Dernieres Volontez d'un Chrétien mourant.

AU nom de Dieu le Pere, Fils, & Saint Esprit : Je N. sachant que la mort est inevitable, & ne sachant pas l'heure de la mienne : Je declare en ce jour auquel je suis dans une parfaite connoissance, & dans une pleine liberté d'esprit, que je veux mourir enfant de la sainte Eglise Catholique, Apostolique & Romaine, hors laquelle il n'y a point de salut. Je croi tout ce qu'elle croit ; je reçois tout ce qu'elle enseigne ; j'approuve tout ce qu'elle approuve, & je condamne tout ce qu'elle condamne.

Je crois toutes les veritez ſuivantes, & je ſuis prêt à mourir pour leur défenſe. A ſavoir : Qu'il y a un Dieu ſubſiſtant en trois Perſonnes, le Pere, le Fils, & le Saint Eſprit : Qu'il a créé le Ciel & la Terre ; & qu'il m'a donné l'être pour le ſervir, pour l'honorer, & pour l'aimer. Je crois que Jeſus-Chriſt ſon Fils, Notre-Seigneur, eſt vrai Dieu & vrai Homme ; qu'il regne de toute éternité entant que Dieu avec ſon Pere, & qu'il eſt né dans le temps, entant qu'Homme, de la Vierge Marie ſa Mere ; qu'il eſt venu au monde pour nous éclairer par ſa doctrine, pour nous inſtruire par ſes exemples, pour nous racheter par ſa mort ; pour nous enrichir par ſes merites, pour nous ſanctifier par ſa grace, & pour nous rendre éternellement heureux par ſa gloire. Je crois qu'il eſt reſſuſcité trois jours après ſa mort, qu'il eſt monté au Ciel, qu'il eſt à la droite de Dieu ſon Pere, & que c'eſt devant ſon Tribunal, que je vais paroître pour rendre compte de toutes les actions de ma vie.

Je confeſſe & reconnois que j'ai des obligations infinies à mon Dieu, pour tous les biens qu'il m'a faits, & pour tous les maux dont il m'a delivré. Je l'adore & je l'en remercie de tout mon cœur : & n'ayant qu'une miserable vie que j'ai presque emploiée à l'offencer, je declare que je suis ravi de la perdre, pour reconnoître par cette perte le domaine absolu qu'il a sur moy ; pour rendre par ma mort hommage à sa grandeur & à sa Majesté infinie, pour satisfaire à sa justice que j'ai offensée par une infinité de crimes, pour obéir à ses Arrêts qui me condamnent à mourir, pour imiter son Fils Notre Seigneur qui est mort pour moy, pour lui donner des marques de mon amour & de ma reconnoissance, pour jouir enfin dans le Ciel de sa divine presence.

O mon Dieu, mon Seigneur, Majesté infiniment adorable ! voici que prosterné devant vous avec toute l'humilité dont je suis capable, je confesse & declare que j'ai eu tort de vous offencer, que je merite la mort & la damnation éternelle, & que c'est trop peu d'un enfer pour me punir. Je confesse que je suis assez miserable pour être damné ; que ce n'est pas vous, ô mon Dieu, qui en étes la cause, mais que c'est l'effet de ma pure malice, & que je me suis

ſuis attiré ce malheur par ma reſiſtance continuelle à vos graces. J'en fais ma declaration devant tout l'Univers.

Quoi que je ſois indigne de vos miſericordes pour la multitude & l'énormité de mes crimes, j'eſpere neanmoins, ô Dieu de bonté, que vous me ferez grace, & que vous me ſauverez, en conſideration des larmes & du Sang precieux que votre Fils mon Sauveur a verſé pour moy.

Car je croi d'une foy tres-ferme, qu'il eſt mort pour le ſalut de tous les hommes, & pour le mien en particulier: & c'eſt ſur cette verité fondamentale de ma Religion, qu'eſt fondée toute l'eſperance que j'ai d'être ſauvé.

Je ne crains point la mort, ô mon Dieu, mais j'apprehende ce qui ſuit la mort. Je crains ſon unité jointe à l'éternité. Je crains cette éternité qui dépend de cette unité. Je crains cette durée éternelle, bonne ou mauvaiſe, qui dépend d'un moment, lequel m'eſt inconnu, que je ne puis éviter, & qui me fera entrer dans cette maiſon d'éternité. Je crains ce dernier jour, qui ſera le dernier de mes jours, & le premier jour d'un bonheur ou d'un malheur éternel.

O Sauveur de mon ame, qui étes descendu du Ciel en terre pour chercher les pecheurs, voici le plus grand de tous les pecheurs qui va paroître devant votre Tribunal. Je suis content d'être jugé, pourvu que vous mettiez votre Croix entre vous & moy. Regardez les plaies que vous avez reçues pour mon salut, & voiez ce que je vous ai coûté. Fouillez dans votre sacré cœur, & vous y trouverez de quoi paier la peine qui est dûë à mes crimes. O tres-doux Jesus! souvenez-vous que c'est pour me chercher que vous avez fait tant de voiages; que c'est pour me rendre la vie que vous avez souffert une mort si cruelle, & que c'est pour me rendre heureux, que vous vous étes rendu le plus miserable de tous les hommes. Ah! ne perdez pas une ame qui vous a coûté tant de sang & tant de larmes.

J'ai un regret infini de vous avoir offensé: & pour marque de ma douleur, j'accepte la mort, avec toutes les incommoditez de la maladie. Je veux que ce miserable corps qui a été souillé de tant de plaisirs criminels, soit consumé de douleurs avant que de mourir, & mangé des vers après ma mort. Je remets mon ame entre vos mains: & pour la multitude des pechez qu'elle a commis, je consens (si vous l'ordonnez ainsi) que vous la condamniez aux peines du Purgatoire, & qu'elle y demeure jusqu'à ce que votre justice soit satisfaite.

Je desavouë & deteste tout ce que la foiblesse de la nature, où la violence de la douleur, ou la force de la tentation, ou la malice du demon, me pourroient faire dire ou penser, vouloir ou ne pas vouloir contre l'obéissance & la fidelité que je vous dois. Je renonce à toutes les suggestions du demon, & je proteste que je veux mourir dans une parfaite soumission à toutes vos divines volontez. Ainsi soit-il.

O tres-sainte Vierge, & tres-digne Mere de mon Sauveur, je vous choisis aujourd'hui pour ma Mere, pour ma Maîtresse, & pour mon Avocate auprès de Dieu, & je remets l'affaire de mon ſalut entre vos mains. Je declare que je meurs votre ſerviteur & votre enfant, & qu'après votre Fils, c'eſt en vous que je mets mon eſperance.

O Mere de mon Dieu, montrez que vous êtes ma Mere, & priez pour moy celui qui a bien voulu naître de vous. Sainte Marie Mere de Dieu, priez pour moy pauvre pecheur, maintenant & à l'heure de ma mort. Ainſi ſoit-il.

Saint Joſeph tres-digne Epoux de la Vierge Marie, Pere & Protecteur de JESUS-CHRIST mon Sauveur, aſſiſtez à mon trépas, & procurez-moy par votre interceſſion la grace de mourir comme vous, entre les bras de JESUS & de MARIE.

Anges de Dieu, celeſtes Intelligences, qui avez pris tant de ſoin de moy pendant ma vie, ne m'abandonnez pas à la mort. Je prie le glorieux ſaint Michel de me défendre dans mon dernier combat contre mes ennemis; mon bon Ange, de me conſoler dans ma maladie; tous mes Saints Patrons, de m'aſſiſter de leurs prieres, & de me procurer une bonne mort.

Je donne mon ame à Dieu, de qui je l'ai reçûe. Je la lui remets entre les mains, je l'abandonne entierement à sa misericorde, pour le temps & pour l'éternité.

Je donne mon corps à la sainte Eglise. Je la supplie de le recevoir dans son sein, & de l'inhumer avec ceux qui meurent dans sa Communion, quoi que pour les crimes qu'il a commis, il merite d'être retranché de la compagnie des Fidelles.

Je pardonne à tous ceux qui m'ont offensé, & je prie tous ceux que j'ai offensé, de me pardonner; afin que Dieu nous fasse à tous misericorde. Ainsi soit-il.

IV. PREPARATION.

Sur la Mort & la Passion de Notre Seigneur JESUS-CHRIST.

Au Nom du Pere, & du Fils, & du Saint Esprit.

COmme je ne sçai pas l'heure de ma mort, & que je ne puis sçavoir si j'aurai assez de temps pour m'y preparer, & assez de force & de connoissance pour appliquer mon esprit à l'affaire de mon salut: je vous supplie, ô mon Dieu, d'accepter les resolutions que je forme à present, & de recevoir cette Preparation au défaut de celle que je ne pourrai peut-être pas faire à la fin de ma vie.

I. STATION.

JESUS-CHRIST *dans le Jardin des Olives.*

COnsiderez Jesus-Christ dans le Jardin des Olives, accablé de tristesse, suant le sang & l'eau à la vûe de nos pechez & de ses tourmens; & lui dites:

O JESUS mon Sauveur, qui avez au

jardin des Olives ſué le ſang & l'eau à la vûe des pechez que j'ai commis, & des tourmens que vous alliez endurer: je vous remercie de vous être dépouillé de votre force pour nous en revêtir, & d'avoir pris notre timidité pour nous donner votre courage. Je vous adore tout baigné que vous étes dans votre ſang, & je deteſte tous mes pechez qui vous ont cauſé cette triſteſſe.

O vous qui étes la joie des Anges & des hommes, je vous conjure par l'agonie que vous avez ſoufferte dans le jardin de douleurs, par le combat ſanglant que vous avez livré à notre nature rebelle, & par la victoire que vous avez remportée ſur tout ce qui s'oppoſoit à notre ſalut, de me fortifier contre les frayeurs de la mort, & contre les tentations du demon. Vous le ſçavez, Seigneur, & vous l'avez dit: *Que l'eſprit eſt prompt & que la chair eſt foible.* Donnez-moy donc la force de votre Eſprit, puiſque vous avez pris l'infirmité de ma chair. Mon Pere, s'il eſt poſſible, éloignez de ma bouche ce Calice amer de la maladie & de la mort. Appaiſez mes douleurs. Laiſſez-moy encore un peu de temps ſur la terre, pour faire penitence de mes pechez : toutefois que votre volonté ſoit faite, & non pas la mienne. Je ſuis content de ſouffrir & de mourir, ſi vous voulez que je ſouffre & que je meure.

II. STATION.

JESUS *chez Caïphe.*

COnſiderez Jeſus-Chriſt chez Caïphe, où il eſt accuſé, mocqué, ſouffleté, couvert de crachats comme un blaſphemateur & un impie, & vous jettant à ſes pieds, dites-luy :

O JESUS mon Seigneur, qui avez été ſouffleté & maltraité chez le Grand Prêtre des Juifs, & qui avez eu le viſage ſouillé de vilains crachats, comme ſi vous euſſiez été le plus grand de tous les blaſphemateurs : je vous remercie d'avoir ſouffert ces injures & ces confuſions pour mon amour. J'ai beaucoup de douleur de vous avoir outragé une infinité de fois en la perſonne de mon prochain, puis que tout le mal que l'on fait au prochain, vous le tenez fait à vous-même.

O Sauveur de mon ame, je vous demande tres-humblement pardon des outrages que je vous ai faits pendant ma vie. J'accepte en ſatisfaction de mes pechez, la mort, & tous les maux que je ſens: & je vous conjure par les douleurs & par les confuſions que vous avez ſouffertes durant toute la nuit que vous fûtes entre les mains de ces miniſtres barbares, de ne me pas abandonner à la puiſſance des demons mes ennemis, quand je ſerai prêt de mourir, mais de me mettre ſous la protection de vos Anges, & de me faire la grace (quoi que j'en ſois indigne) de me montrer dans le Ciel ce viſage adorable que j'ai meurtri de coups, & ſouillé de crachats par mes paroles impies, injurieuſes & diſſolues.

III. STATION.

JESUS *devant Herode.*

CONſiderez Jeſus-Chriſt devant le Roy Herode, qui l'interroge & le ſolicite de faire un miracle en ſa preſence, & auquel le Fils de Dieu ne répond pas un ſeul mot.

Conſiderez enſuite comme Pilate le

propose aux Juifs avec Barrabas; comme les Juifs preferent un seditieux, un voleur & un homicide, au Dieu de la paix, & à l'Auteur de la vie. Après cela dites-luy avec tout le respect & la tendresse possible:

O JESUS mon Roy, qui avez été meprisé par Herode & par les Juifs! que j'ai de déplaisir d'avoir tant de fois donné dans mon cœur la preference au demon sur vous, & de vous avoir offensé, ô grand Dieu, pour jouir d'une chetive creature! Je confesse que j'ai eu tort de vous avoir méprisé jusqu'à ce point; & je consens, en satisfaction de l'outrage que je vous ai fait, à être abandonné de toutes les creatures, à être maltraité de tous les hommes, & delaissé de tous mes amis; à perdre la vie dont j'ai si mal usé, à servir de pâture aux vers, à être reduit en cendre, & foulé aux pieds de tous les passans, & à être tourmenté dans le Purgatoire, si vous l'ordonnez ainsi, jusqu'à ce que j'aie expié par mes douleurs les crimes que j'ai commis, & l'injure que je vous ai faite.

IV. STATION.

JESUS *Flagellé.*

REpresentez-vous le doux JESUS dans le Pretoire de Pilate, où il est depouillé de ses habits, & foueté cruellement par des bourreaux impitoiables. Voiez comme ils le couvrent de plaies, & lui tirent le sang de toutes les veines. A ce spectacle, versez si vous pouvez, des larmes de sang, & lui dites avec douleur :

O JESUS, le plus pur & le plus saint de tous les hommes, dont la chair innocente a été dechirée de coups de foüets, pour expier par ses douleurs les plaisirs criminels que nous donnons à la nôtre ; je suis marri de tant de plaies que je vous ai faites, & que j'ai si souvent renouvellées par mes rechûtes. J'accepte en penitence tous les maux que j'endure, & la mort que j'attens. Je donne tres-volontiers pour votre amour le sang qu'on me tire des veines, & je baise avec respect les verges & les foüets dont votre justice châtie mes déreglemens.

O tres-doux Agneau, qu'on vient

d'écorcher pour être immolé sur la Croix! je vous conjure par vos douleurs & par votre confusion extrême, de sanctifier mon corps & mon ame, de les laver dans votre precieux Sang, & de les purifier de toutes leurs ordures; afin que je sois trouvé digne après ma mort d'entrer dans la Jerusalem celeste, où rien d'impur ne peut entrer.

V. STATION.

JESUS *Couronné d'épines.*

CONsiderez votre Sauveur au milieu d'une troupe de soldats, qui lui mettent une Couronne d'épines sur la tête, un Roseau à la main, un Manteau d'écarlate sur les épaules, & qui se prosternent par derision devant lui, lui crachant au visage, & lui enfoncent les épines dans la tête par de grands coups de roseau qu'ils lui donnent. Après l'avoir adoré, dites-lui avec de grands sentimens de douleur:

O JESUS le plus grand de tous les Rois, & le plus méprisé de tous les hommes, qui avez été couronné de douleurs & d'ignominie, pour satisfaire aux pechez que commettent les hommes par leurs pensées impures & ambitieuses : je vous remercie de vous être couronné de nos miseres, pour nous meriter une couronne de gloire & de felicité. Je reconnois maintenant que votre Roiaume n'est point de ce monde, & qu'il faut porter une couronne d'épines sur la terre, pour en porter une d'or dans le Ciel.

Par votre grace, ô Seigneur, j'en ai une qui me fait bien souffrir. Le mal de tête me tuë, & me fait sentir les pointes douloureuses qui ont percé la vôtre. O que de pensées affligeantes me tourmentent l'esprit! ô que de fraieurs mortelles me saisissent & me troublent! Les douleurs de la mort m'environnent de toutes parts. Que puis-je faire en cet état, sinon de vous demander pardon, ô divin Sauveur, du plaisir que j'ai pris aux mauvaises pensées qui se sont presentées à moy ; des mauvais desseins que j'ai formez dans mon esprit, des irreverences que j'ai commises en votre presence dans les Eglises, de mes hipocrisies & de mes devotions trompeuses, dont j'ai couvert mon orgueil, flechissant par derision comme les soldats, les genoux devant vous. Je reçois en satisfaction toutes les peines de corps & d'esprit que j'endure ; & je vous conjure par vos ignominies & par vos souffrances, de me faire misericorde. O Sauveur de mon ame ! que ces liens que vous portez en vos mains, me delivrent de la captivité du demon : Que cette robe ignominieuse dont vous étes couvert, me fasse revêtir de l'immortalité bienheureuse, & que cette couronne d'épines que vous portez sur la tête, me procure après ma mort dans le Ciel une couronne de gloire. Ainsi soit-il.

VI. STATION.

JESUS *Crucifié.*

CONsiderez votre Sauveur attaché à la Croix, où il prie pour ses ennemis ; où il promet son Paradis à un larron ; où il recommande sa sainte Mere au plus cher de ses disciples ; où il donne ce cher disciple à sa sainte Mere ; où il est abandonné de son Pere, blasphemé par des voleurs, insulté par les Prêtres, mocqué & outragé par les Juifs & par les Gentils. Après l'avoir consideré dans cet état deplorable, adorez-le de corps & d'esprit, & lui dites :

O Sauveur de tous les hommes! ô Redempteur de tous les pecheurs! ô le Grand Prêtre de la nouvelle Loy! ô le Juge des vivans & des morts! je vous adore ſur ce theatre de douleurs & d'ignominie, & me proſterne devant ce trône de vos miſericordes & de vos bontez.

Je vous remercie d'avoir prié pour moy en priant pour vos ennemis; car j'étois le plus grand de vos ennemis, & vous m'aviez alors dans la penſée. Vous aviez tâché d'excuſer les Juifs qui vous faiſoient mourir, en diſant qu'ils ne ſçavoient pas ce qu'ils faiſoient: mais moy qui vous ai attaché à cette Croix par les pechez que j'ai commis avec tant de connoiſſance, moy qui vous ai tant de fois crucifié dans mon cœur, ſçachant bien que vous étes mon Dieu, mon Pere, mon Sauveur, & mon Roy; moy qui ai tant de fois reconnu ma faute, & promis de n'y plus retomber: que puis je dire pour me défendre? Quelle raiſon pourrez-vous alleguer à Dieu votre Pere pour m'excuſer? Helas! je ſuis inexcuſable, & je ne merite point de pardon.

Je l'eſpere neanmoins ce pardon de

votre bonté, puisqu'en mourant vous avez prié pour moy ; que vous avez pardonné à un larron, que vous m'avez donné à votre sainte Mere, & que vous avez versé votre sang pour mon salut.

Helas! je ne suis plus en état de rien faire pour appaiser votre Justice: mais ce qui me console, c'est que je suis encore en état de souffrir. Me voila, Seigneur, sur une Croix bien dure, à laquelle mes pechez m'ont attaché.

O JESUS, je veux mourir sur cette Croix pour votre gloire, & pour l'expiation de mes offences. Je veux être sacrifié sur ce lit de douleurs où je suis couché, & où il faut que je meure. Je vous offre tout le sang qu'on me tire des veines, tous les remedes amers qu'on me fait prendre, toutes les cuisantes douleurs qu'on me fait souffrir ; & je vous les offre en memoire du Sang que vous avez versé pour moy, du fiel & du vinaigre qu'on vous a donné à boire, & des tourmens horribles qu'on vous a fait endurer.

O Sainte Vierge, souvenez-vous que vous étes ma Mere, & que je suis votre enfant ; que votre Fils sur la Croix m'a m'a donné à vous, & qu'il vous a donnée à moy. Je remets mon ame & mon salut entre vos mains. Ne laissez pas perdre un bien qui vous appartient, qui vous a été recommandé par votre Fils, & qui lui a été si cher, que pour le posseder il a donné sa vie, & versé jusqu'à la derniere goute de son sang. Ne souffrez pas que le demon foule aux pieds ce precieux Sang, & qu'il se vante d'avoir entrainé dans les enfers un enfant de JESUS & de MARIE.

VII. STATION.

La Mort de JESUS.

REpresentez-vous le Sauveur du monde sur la Croix, où après avoir consommé l'ouvrage de notre Redemption, après avoir souffert tout ce que la rage des hommes peut faire souffrir à un Dieu fait homme, & tout ce que la patience d'un Dieu, peut souffrir de la rage des hommes; après avoir été écorché jusqu'aux os, abandonné de ses amis, persecuté cruellement par ses ennemis, accablé de douleurs, & épuisé de sang; après avoir recommandé son esprit à son Pere, & crié d'une puissante voix, *Tout est consommé*, il baisse la tête, & rend son esprit à Dieu. Prosternez-vous de corps & d'esprit ; & touché d'un vif sentiment de douleur, dites lui :

O JESUS notre divin Pasteur, qui étes descendu du Ciel en terre, pour chercher une brebi égarée, & qui vous étes donné en proie à la rage des loups pour la preserver de la mort ! ô Fils de Dieu vivant, qui avez versé votre sang, & donné votre vie pour racheter des hommes esclaves du demon, pour les delivrer d'une mort éternelle, & pour les rendre participans de votre bonheur ! je vous remercie tres-humblement de l'amour incomparable qui vous a fait vous charger du poids immense de mes pechez, & de toute la peine qui leur étoit due.

Je remercie votre sacré Cœur, de s'être affligé pour moy, & de s'être plongé dans un abîme de douleurs, pour me meriter les plaisirs de la gloire. Je remercie vos Yeux, ces yeux si remplis de douceur, d'avoir versé tant de larmes pour moy, & d'avoir éteint, par un deluge de pleurs, le feu de la colere de Dieu qui m'alloit consumer. Je remercie votre Bouche ſacrée, d'avoir reçu dans votre ſoif du fiel & du vinaigre, pour punir & expier mon intemperance, & les excès honteux de ma bouche. Je remercie votre Chef adorable, de s'être laiſſé percer de tant d'épines mortelles, pour guerir les plaies de mon ambition. Je remercie vos Mains bienfaiſantes, & vos Pieds charitables, de s'être laiſſé percer de clous, pour reparer les maux que j'ai faits, & la negligence que j'ai à me porter au bien. Je remercie votre Chair pure & innocente, de s'être laiſſé dechirer de coups de foüets, pour expier les plaiſirs impurs & les ſaletez abominables de la mienne.

Que puis-je faire, ô mon divin Maître, pour reconnoître la charité qui vous a porté à donner votre vie & à mourir pour moy? Quand j'aurois une infinité de vies, pourroient-elles égaler le prix de la vôtre, & pourrois-je ſatisfaire à la moindre des obligations que je vous ai? O Seigneur! je n'ai qu'une vie, que je ſuis prêt à perdre, parce que cette vie n'eſt pas à moy & qu'il n'eſt pas en mon pouvoir d'en prolonger la durée. Je vous l'offre, ô Sauveur de mon ame, & je vous prie de l'agréer, toute malheureuse qu'elle est, & toute fletrie qu'elle est de presqu'autant de crimes, qu'elle a passé de jours sur la terre.

Vous avez dit, qu'on ne peut donner plus de temoignage d'amour à son ami, que de mourir pour lui : je proteste à la face du Ciel & de la Terre, que vous étes cet ami pour qui je veux mourir. Je vous donne ma vie, que je cheris par dessus toutes choses ; & s'il m'étoit libre de mourir, ou de ne mourir pas, j'irois chercher la mort jusqu'au bout du monde, pour vous donner des marques de ma reconnoissance & de mon amour.

Mon Pere, je remets mon esprit entre vos mains, & je l'abandonne à votre misericorde pour le temps & pour l'éternité.

J'accepte la mort, pour vous honorer par le sacrifice de ma vie, & pour vous marquer, par l'aneantissement de mon être, que je ne suis rien devant vous.

J'accepte la mort, pour reconnoître autant que je le puis, les biens infinis que vous m'avez faits pendant que j'ai été au monde ; les graces dont vous m'avez prevenu, les dangers dont vous m'avez delivré, les pechez que vous m'avez pardonnez. Je l'accepte surtout, pour vous remercier de m'avoir attendu avec tant de patience, & de m'avoir visité tant de fois par la communication de votre Corps & de votre Sang à la table de votre sainte Eglise.

J'accepte la mort, pour satisfaire à votre Justice que j'ai irritée par une infinité de crimes, de perfidies, de rechûtes, & par l'abus que j'ai fait de toutes les graces dont vous m'avez comblé.

J'accepte la mort, pour vous donner des marques de mon obéissance, en me soumettant à l'Arrêt que vous avez prononcé contre moy, & à votre divine volonté qui m'ordonne de mourir.

J'accepte la mort pour boire dans votre Calice & dans celui de votre Sainte Mere, pour imiter votre exemple, pour vous témoigner mon amour, & pour jouir au plutôt de votre divine presence.

O JESUS mon Dieu, mon Pere & mon Roy! je vous conjure par votre mort & par vos douleurs, de benir ma mort & les maux que j'endure.

Ne m'abandonnez pas dans le temps que je ſerai privé de tout ſecours humain : & quand tous les demons feront les plus grands efforts pour me perdre, envoiez le Prince des Anges à mon ſecours & à ma défence. Privez-moy, ſi c'eſt pour mon bien, de toute conſolation humaine, mais ne me privez pas de votre grace; & ſi vous me puniſſez dans le temps, ne m'abandonnez pas dans l'éternité.

Je croi, mon Sauveur, à votre ſainte Egliſe. Je pardonne à tous mes ennemis. Je renonce à toutes les ſuggeſtions de Satan. Je deſire paſſionément de recevoir votre ſacré Corps, le gage de mon ſalut & de ma predeſtination. J'eſpere que les prieres de votre Sainte Mere, que je reclame de tout mon cœur, m'obtiendront auprès de vous miſericorde, & que vous me donnerez votre Paradis.

Je vous dis donc preſentement ce que je ne pourrai peut-être pas vous dire en mourant : Mon Pere, je remets mon eſprit entre vos mains. Je vous recommande mon ame & mon ſalut, & je m'abandonne à vous ſans reſerve pour le temps & pour l'éternité.

Mon Pere, je vous conjure par l'amour que vous portez à votre Sainte Mere, & par l'amour que votre Sainte Mere vous a porté, de me faire misericorde, & de me recevoir au nombre de vos Elûs; afin que je vous honore, que je vous louë & benisse avec vos Saints, dans tous les siecles des siecles pendant l'éternité bien-heureuse. Ainsi soit-il.

Cette Oraison sur les Stations de la Passion de Notre-Seigneur, qui se peut reciter en tout temps, & principalement lors qu'on fait sa preparation à la mort, est aussi tres-propre à servir d'entretien pendant la sainte Messe : Car le Fils de Dieu ayant institué ce grand Sacrifice en memoire de sa Passion & de sa Mort, il n'est point de meilleur moyen pour assister dignement à la Messe, que de rapeller en son esprit ses souffrances, par un entretien qui ne soit ni sec ni simplement speculatif, mais devot & affectueux, tel qu'est celui qu'on a mis ici.

V. PREPARATION.

Douces pensées pour fortifier un Malade contre les frayeurs de la Mort.

LA crainte est bonne pendant la vie; mais elle est dangereuse à la mort, principalement lors qu'elle est excessive; parce qu'elle trouble alors l'esprit, qu'elle resserre le cœur, & l'empêche de produire les Actes d'Esperance & d'Amour, si necessaires dans ce temps-là: outre que le demon s'en sert pour jetter une ame dans le desespoir, en lui representant l'énormité de ses crimes, & la rigueur des jugemens de Dieu.

Pour éviter cet écueil si dangereux & si funeste, il faut se preparer à ce dernier combat, & se fortifier par les Considerations suivantes.

Mon ame, d'où vient que tu es triste? Quel sujet as-tu d'apprehender la mort? Ne sçais tu pas où tu vas, & quel est le lieu qui t'est preparé? Tu vas finir ton exil, & retourner à ta chere patrie, où Jesus-Christ & sa Sainte Mere, avec tous les Saints du Paradis, ſe preparent de te recevoir.

Tu vas à un feſtin de nôces, où tous tes deſirs ſeront raſſaſſiez & accomplis, où tu ſeras enyvrée d'un torrent de delices.

Tu vas jouir de la preſence de ton Dieu, & poſſeder ton ſouverain bien, pour la jouiſſance duquel tu as été creée.

Tu vas paſſer du temps à l'éternité, de la figure à la verité, du changement à l'immutabilité, de la mort à l'immortalité, de la miſere à la felicité.

Tu vas entrer dans la Maiſon du Seigneur, demeurer dans la terre des vivans, regner dans le Palais de la gloire, nager dans un ocean de plaiſirs.

Tu vas voir ce que l'œil n'a jamais vû, entendre ce que l'oreille n'a jamais entendu, poſſeder ce que le cœur humain n'a jamais conçu.

Tu vas en un païs où tu trouveras tout ce que tu deſires, & où tu ne trouveras rien de ce que tu crains; où tu ne ſeras plus ſujet au danger de te perdre, & où tu poſſederas tout en lui.

Courage, mon ame; quitte cette vie mortelle, ſors de ce miſerable corps, où tu as été ſi long-temps priſonniere.

Que crains-tu ? JESUS eſt mort pour toy, il a ſatisfait pour tes pechez, il a paié toutes tes dettes. Il t'a promis ſon Paradis, pourvu que tu eſperes en lui. Demande-lui ſa grace, mets en lui ta confiance, abandonne-toy à ſa divine miſericorde, offre-lui tes ſouffrances, commence à vivre pour lui, & ſois-lui fidelle juſqu'à la mort. Il a juré que celui qui mangeroit ſon Corps, ne mourroit point éternellement. Ne l'as tu pas reçu en Viatique? que crains-tu donc, ayant des gages ſi precieux de ſa promeſſe & de ſon amour?

S'il vouloit te perdre, ſeroit-il mort pour toy ? t'auroit-il conſervé ſi longtemps la vie ? t'auroit-il attendu avec tant de patience ? t'auroit-il donné le temps de te reconnoître, & de lui demander pardon de tes pechez ? t'auroit-il viſité dans ta maladie? ſeroit-il entré dans ta maiſon, s'il ne vouloit pas te recevoir dans la ſienne?

Il ne faut qu'un mauvais deſir pour perdre le Ciel ; mais il ne faut qu'un bon ſoûpir pour le gagner. Si tu gemis du fond du cœur, tu ne periras point, & toutes tes offences te ſeront pardonnées. Une penitence ſincere eſt toujours de ſaiſon. On ne ſe convertit jamais trop tard, lorſqu'on ſe convertit de bonne foy. Dieu ne mépriſe jamais un cœur contrit & humilié. Ces ſaintes diſpoſitions ſont l'ouvrage de votre grace, ne me la refuſez pas, ô mon Dieu; je vous la demande de tout mon cœur.

Allons, mon ame, & mourons avec Jesus. Le voila qui t'appelle & qui te tend les bras. Le voila ſur la Croix, qui prie encore pour toy, & qui te recommande à ſon Pere. Le voila qui demande pardon pour tous ceux qui l'ont fait mourir: n'es-tu pas de ce nombre?

Regarde comme il baiſſe la tête, c'eſt pour te donner le baiſer de paix; comme il étend les bras, c'eſt pour t'embraſſer. Il a le cœur ouvert, pour t'y donner entrée. Il a répandu ſon ſang, pour te racheter & pour te ſauver, ne veux-tu pas lui donner des marques de ton amour & de ta reconnoiſſance? Tu ne peux lui en donner de plus ſenſible, que de mourir pour lui.

Mourons donc, j'en ſuis content, puiſque Dieu le veut. Mourons pour la gloire & pour l'amour de Jesus. Mourons pour reconnoître ſes bienfaits, &

pour ſatisfaire à ſa Juſtice. Mourons pour lui, puiſqu'il eſt mort pour nous. Mourons pour le voir, puiſqu'on ne le peut voir, ſi l'on ne meurt auparavant. Hâtons-nous de mourir ; mais ne nous laſſons pas de ſouffrir. Nous n'avons plus qu'un moment à ſouffrir, & nous aurons une éternité à être heureux. O Mort ! que ta penſée eſt douce à ceux à qui la vie eſt amere ! O qu'il y a de plaiſir à mourir, quand on n'en trouve plus à vivre !

Liſez ſi vous voulez, notre Livre de la Douce Mort, *vous y trouverez dans la Premiere Partie toutes les raiſons qui peuvent fortifier une ame contre les frayeurs de la Mort.*

CANTIQUE

D'une Ame qui ſoupire après la Mort.

QUand ſera-ce, ô mon Dieu, que mon ame affranchie
Des dures chaînes de ſon corps,
Quittera ce païs des Morts,
Pour s'en aller gouter les plaiſirs de la vie?
O Ciel ! ô ſéjour bienheureux !
C'eſt à vous qu'aſpirent mes vœux ;

Vous étes le repos des Ames fortunées,
Et le doux fruit de mes travaux :
Que ne puis-je, à l'abri des ſoucis & des maux,
Y commencer bien tôt d'éternelles années !

VI. PREPARATION.

L'Extreme-Onction ſpirituelle.

IL y a peu de Chrétiens qui ayent une veritable devotion envers ce dernier de nos Sacremens : on l'apprehende plus qu'on ne l'aime, & on le reçoit le plus tard qu'on peut, ſur une fauſſe perſuaſion qu'il faut mourir après l'avoir reçû : c'eſt ce qui fait qu'on le regarde comme un écueil où notre vie doit faire naufrage.

J'appelle cette prevention fauſſe, puiſque l'Egliſe, bien loin de donner ce Sacrement comme une condamnation de mort, declare qu'outre la grace ſanctifiante qui eſt commune à tous les autres Sacremens, celui-ci a encore trois effets qui lui ſont particuliers.

Le premier, eſt de fortifier l'eſprit

d'un malade contre les frayeurs de la mort, contre les tentations du demon, contre les aſſauts de la douleur, & contre le chagrin & l'abattement de la nature.

Le ſecond, eſt de nettoyer les reſtes du peché, & les pechez mêmes, s'il y en a encore quelques-uns à expier.

Le troiſiéme, eſt de rendre la ſanté au malade, ſi cela eſt expedient pour ſon ſalut.

Or, il y a peu de malades, qui reçoivent ce Sacrement avec toute la devotion qui ſeroit requiſe, ſoit parce qu'ils ne le demandent pas comme l'ordonne l'Apôtre ſaint Jaques; ſoit parce qu'ils manquent de foy, laquelle eſt neceſſaire pour en reſſentir l'effet: ſoit parce qu'attendant à l'extrêmité pour le recevoir, lorſque tout eſt deſeſperé, & qu'ils n'ont plus de connoiſſance, ils ne ſont pas en état d'entendre ce que le Prêtre leur dit, ni d'en profiter.

Pour remedier à ce deſordre, & pour profiter d'un ſi grand ſecours, il me ſemble qu'il n'y a rien de meilleur, que de le recevoir ſouvent ſpirituellement pendant la vie, & de produire pour cela les Actes qu'on ne ſera peut-être pas en état de former à cette extremité: car de même que le Fils de Dieu reçoit la Preparation à la mort, qu'on fait dans la santé, au défaut de celle qu'on ne pourra pas faire à la derniere maladie; il recevra aussi les dispositions qu'on apporte pendant la vie à recevoir ce Sacrement, au défaut de celles qu'on ne pourra pas avoir à la mort: du moins on sera mieux disposé à le recevoir un jour réellement, après qu'on l'aura souvent reçu spirituellement. Voici donc de quelle maniere on peut pratiquer cette devotion.

Imaginez-vous que vous étes malade, & qu'on vous va donner l'Extrême-Onction. Disposez-vous à recevoir ce Sacrement, & faites à present ce que vous ne pourrez pas faire en votre derniere maladie.

Persuadez-vous, Ame Chrétienne, que vous allez recevoir ce Sacrement, & que le Prêtre en entrant dans votre chambre, profere ces paroles ordonnées par l'Eglise:

Pax huic domui, & omnibus habitantibus in ea. QUE *la paix soit en cette maison, & à tous ceux qui y demeurent.*

Ensuite écoutez les Prieres que l'on

fait avant que de conferer ce Sacrement.

Prions & supplions instamment Notre-Seigneur Jesus-Christ de benir cette demeure, & ceux qui l'habitent, & qu'il leur donne un bon Ange pour les garder : Qu'il les dispose à le servir, & à considerer les merveilles de sa Loy : Qu'il détourne d'eux toutes les Puissances ennemies : Qu'il les delivre de toutes inquietudes ; & qu'il daigne les conserver saints dans cette maison, lui qui vit & regne avec Dieu le Pere & le Saint Esprit dans les siecles des siecles. Ainsi soit-il.

ORAISON.

EXaucez-nous, *Seigneur Saint, Pere Tout-puissant, Dieu Eternel ; & daignez envoier du Ciel votre saint Ange, qui garde, conserve, protege, visite, & défende tous ceux qui demeurent dans cette maison. Par Jesus-Christ Notre-Seigneur. Ainsi soit-il.*

Après ces Prieres, il faut faire une Confession spirituelle à Notre-Seigneur, des principaux pechez de sa vie, de la maniere que nous l'avons enseignée dans la Journée Chrétienne, au second jour du mois. Recitez votre *Confiteor* en Latin,

tin, ou en François, comme fait le malade avec les assistans, lorsque le Prêtre est prêt de lui administrer ce Sacrement. Dites avec une profonde humilité, & avec les plus vifs sentimens de douleur que vous pourrez :

Je me confesse, ô mon Seigneur & mon Dieu, en presence de votre sainte Mere, de vos Anges, de vos saints Apôtres, & de toute la Cour Celeste, des pechez que j'ai commis par mes Regards fiers, arrogans, dédaigneux, curieux, & impudiques.

Je me confesse des pechez que j'ai commis par l'Ouïe, entendant avec complaisance une infinité de discours vains, inutiles, médisans, sales, & deshonnêtes.

Je me confesse des pechez que j'ai commis par l'intemperance de ma Bouche, ne jeûnant pas lorsque j'y étois obligé : mangeant & bûvant avec excès : recherchant trop ma satisfaction dans la delicatesse des viandes, & prenant mes repas sans faire ny la Benediction, ny l'Action de graces.

Je me confesse des pechez que j'ai commis par l'Odorat : faisant des dépenses superfluës, & recherchant avec trop de passion les odeurs : parfumant ma tête & mes vestemens à mauvaise fin ; fuyant les hopitaux & les maisons des pauvres malades, parce qu'il y sent mauvais.

Je me confesse des pechez abominables que j'ai commis par des attouchemens impudiques, que j'ai faits sur moi & sur les autres.

Je me confesse des pechez que j'ai commis par mes Mains, lesquelles ont derobé le bien d'autrui, frappé & maltraité le prochain, écrit de méchans Livres & des Lettres messeantes, fait de faux Actes & de faux sermens, commis des impuretez execrables, & qui n'ont fait aucun bien.

Je me confesse des pechez que j'ai commis par mes pieds, fuyant le bien & courant au mal, frequentant les lieux de débauche & de joye, & n'allant à l'Eglise que rarement & avec peine.

Je me confesse des pechez que j'ai commis par ma Langue, jurant & blasphemant votre saint Nom, murmurant contre votre Providence, tenant des discours sales & malhonnêtes, injurieux, boufons, vains & piquans ; & proferant des paroles de médisance, de raillerie, de tromperie & de mensonge.

Je me confesse enfin, ô mon Dieu & mon Seigneur, des pechez que j'ai commis par mes Reins, me procurant mille plaisirs criminels, par des pensées, par des desirs, & par des actions impures, allumant volontairement dans mon corps le feu de la concupiscence, m'abandonnant à toutes mes passions, & me veautrant comme une bête dans toutes sortes d'ordures.

Après avoir fait cette Confession, figurez-vous que le Prêtre s'approche de votre lit, & qu'il commence la Ceremonie, en disant ce qu'on dit au malade :

Au nom du Pere, & du Fils, & du Saint Esprit : Que toute la force du Diable soit éteinte dans vous, par l'imposition de nos mains, & par l'invocation de tous les saints Anges, Archanges, Patriarches, & Prophetes, Apôtres, Martyrs, Confesseurs, Vierges, & de tous les Saints. Ainsi soit-il.

Après quoy, considerez le Prêtre qui s'approche de vous, & qui vous oint les yeux de saintes Huiles, en disant ces paroles Sacramentales qu'on dit au malade :

Per iſtam ſanctam Unctionem, & piiſſimam ſuam miſericordiam, indulgeat tibi Deus, quidquid Oculorum vitio deliquiſti. Amen. C'eſt-à-dire : *Que Nôtre-Seigneur, par cette ſainte Onction, & par ſa très grande miſericorde, vous pardonne tous les pechez que vous avez commis par les Yeux. Ainſi ſoit-il.*

Lorſque vous entendez ces paroles, demandez interieurement pardon à Dieu des pechez que vous avez commis par la Vûë, & dites du fond de votre cœur :

O Pere Eternel ! je vous conjure, par les larmes que votre Fils a verſées pour moy lorſqu'il étoit ſur la Terre, de me faire miſericorde, de me regarder d'un œil de compaſſion, & de me pardonner tous les pechez que j'ai commis par la Vûë. Ainſi ſoit-il.

Lors qu'il fera l'Onction ſur les Oreilles, & qu'il dira :

Que Notre-Seigneur, par cette Onction, & par ſa très grande miſericorde, vous pardonne tous les pechez que vous avez commis par l'Ouïe, dites :

O Pere Très-Saint ! je vous conjure par l'affliction que reſſentit votre Fils Jesus entendant ſur la Croix les blaſphêmes qu'on proferoit contre votre saint Nom, de me pardonner tous les pechez que j'ai commis en entendant avec complaisance des discours mêchans, impies, médisans, & malhonnêtes. Ainsi soit-il.

Lorsqu'il mettra les saintes Huiles sur votre Bouche, & qu'il dira :

Que Notre-Seigneur, par cette Onction, & par sa très grande misericorde, vous pardonne tous les pechez que vous avez commis en mangeant & en parlant, dites :

O Pere de misericorde ! je vous conjure, par le fiel & par le vinaigre dont on a fait souffrir la bouche très-pure & très-sainte de JESUS votre Fils, de me pardonner tous les pechez que j'ai commis par mes excès de bouche, & par mes paroles impies, injurieuses, médisantes, vaines, oisives, impures & dissoluës. Ainsi soit-il.

Lorsqu'il oindra les Narines, & qu'il dira :

Que Notre-Seigneur, par cette Onction, & par sa très grande misericorde, vous pardonne tous les pechez que vous avez commis par l'Odorat, dites :

O Pere de mon Seigneur JESUS-CHRIST ! je vous conjure, par la douleur que lui fit souffrir sur le Calvaire l'infection du lieu, & la corruption des corps executez sur cette montagne, de me pardonner tous les pechez que j'ai commis par le plaisir que j'ai pris aux douces odeurs, aux eaux de senteurs, & autres satisfactions criminelles. Ainsi soit-il.

Lors qu'il oindra les Mains, & qu'il dira :

Que Notre-Seigneur, par cette sainte Onction, & par sa très grande misericorde, vous pardonne tous les pechez que vous avez commis par l'attouchement; dites :

O Dieu vivant ! je vous conjure par ces gros clous qui ont percé les mains bienfaisantes de votre Fils, de me pardonner tous les pechez que j'ai commis par mes larcins, par les outrages que j'ai faits à mon prochain, & par les impuretez abominables dont j'ai souillé mon ame & mon corps. Ainsi soit-il.

Lors qu'il oindra les Pieds & qu'il dira :

Que Notre-Seigneur, par cette sainte Onction, & par sa très grande misericorde, vous pardonne les pechez que vous avez commis par le marcher; dites :

O Source de bontez & de misericordes, qui avez envoyé votre Fils au monde pour chercher une breby égarée, & qui ordonnez à vos Anges de se rejouïr après qu'elle est retrouvée : la voila cette pauvre breby que votre Fils a cherchée l'espace de trente-trois ans avec des fatigues infinies. Je vous conjure, par tous les pas qu'il a faits, & par ces clous qui ont percé ses sacrez pieds, de me pardonner la negligence que j'ai euë à vous servir, & la promptitude avec laquelle j'ai couru au mal, & frequenté les mauvaises compagnies. Ainsi soit-il.

Après ces Onctions, écoutez le Prêtre faisant sur vous les Prieres de l'Eglise.

Kyrie eleison. Christe eleison. Kyrie eleison. Pater noster.

Recitez l'Oraison Dominicale, avec la Paraphrase qui se trouve ci-après, laquelle vous donnera beaucoup de devotion.

Ecoutez ensuite les autres Prieres que fait le Prêtre.

Sauvez, mon Dieu, votre serviteur qui espere en vous.

Envoiez-lui votre secours, & défendez-le d'enhaut, du lieu de votre sainte Sion.

Soyez-lui, Seigneur, une forte tour contre les efforts de ſon ennemi.

Qu'il n'ait point d'avantage ſur lui, & que l'enfant d'iniquité ne lui puiſſe nuire.

Seigneur, exaucez ma priere.

Et que mes cris viennent juſqu'à vous.

ORAISON DE L'EGLISE.

SEigneur notre Dieu, qui avez dit par Saint Jaques votre Apôtre: *Si quelqu'un d'entre vous eſt malade, qu'il appelle les Prêtres de l'Egliſe, & qu'ils prient pour lui, en l'oignant d'Huile au Nom du Seigneur : & l'Oraiſon de la Foi ſauvera le malade, & le Seigneur le ſoulagera ; & s'il a commis des pechez, ils lui ſeront pardonnez.* O notre Redempteur, fortifiez les langueurs de ce malade : gueriſſez ſes plaies : pardonnez-lui ſes offenſes, delivrez-le de toutes les douleurs de l'eſprit & du corps : rendez-lui, par votre miſericorde, une entiere ſanté ; afin qu'étant retabli par votre grace, il puiſſe travailler comme auparavant : vous qui étant Dieu, vivez & regnez avec Dieu le Pere & le Saint Eſprit, dans tous les ſiecles des ſiecles. Ainſi ſoit-il.

ORAISON.

JEttez les yeux, Seigneur, ſur votre ſerviteur accablé des infirmitez du corps, & fortifiez ſon ame que vous avez créée; afin qu'étant amendé par ce châtiment, il ſe ſente gueri par votre aſſiſtance. Par Jeſus-Chriſt Notre-Seigneur. Ainſi ſoit-il.

ORAISON.

SEigneur tres-ſaint, Pere tout-puiſſant, Dieu éternel, qui repandez ſur les corps malades la grace de votre benediction, & qui conſervez votre créature par la multitude de vos miſericordes; écoutez-nous favorablement, nous qui invoquons votre ſaint Nom: afin qu'aiant delivré votre ſerviteur de ſa maladie, & lui aiant rendu la ſanté, vous le releviez de votre main, que vous le fortifiez par votre vertu, que vous le protegiez par votre puiſſance, & que vous le rendiez à votre ſainte Egliſe avec toute la proſperité que nous deſirons. Par Jeſus-Chriſt Notre-Seigneur. Ainſi ſoit-il.

Ces prieres finies, remerciez Notre-Seigneur de la grace qu'il vous a faite,

& lui demandez ſa benediction. Recitez, ſi vous voulez, les ſept Pſeaumes de la Penitence, avec les Litanies des Saints (ainſi que le preſcrit le Rituel Romain.) Enfin priez Dieu qu'il accepte cette Preparation, au défaut de celle que vous ne pourrez peut-être pas faire à la mort; & conſiderez-vous deſormais comme un homme à qui Dieu a rendu la ſanté pour faire penitence de ſes pechez, & pour le ſervir plus fidellement que vous n'avez fait.

On peut de la même maniere recevoir ſpirituellement le Viatique, ſe conſiderant prêt de mourir, & produiſant devant & après la Communion, les Actes qu'on produiroit, ſi effectivement l'on étoit malade.

VII. PREPARATION.

Prieres de l'Egliſe pour les Agoniſans.

SOrtez de ce monde, Ame Chrétienne, au nom de Dieu le Pere tout-puiſſant, qui vous a créée: au nom de Jeſus-Chriſt Fils de Dieu vivant, qui a ſouffert pour vous; au nom du Saint

Esprit, qui est decendu sur vous ; au nom des Anges & des Archanges, au nom des Thrônes & des Dominations, au nom des Principautez & des Puissances, au nom des Cherubins & des Seraphins, au nom des Patriarches & des Prophetes, au nom des saints Apôtres & des Evangelistes, au nom des saints Martyrs & des Saints Confesseurs, au nom des saints Religieux & des saints Hermites, au nom de toutes les Vierges, de tous les Saints & de toutes les Saintes de Dieu. Que votre lieu soit aujourd'hui dans la paix, & que votre demeure soit dans la sainte Sion. Par le même Jesus-Christ Notre-Seigneur. Ainsi soit-il.

ORAISON.

Dieu misericordieux, Dieu infiniment doux, Dieu qui par la grandeur de vos misericordes effacez les pechez des penitens, & les purifiez des taches de leurs crimes, par le pardon que vous leur en accordez ; regardez d'un œil de compassion votre serviteur qui est ici malade, & exaucez la priere qu'il vous a faite avec toute la douleur & la sincerité de son ame, de lui remettre tous pechez. Renouvellez en lui, Pere tres-doux, tout ce qui a été corrompu par la fragilité humaine, ou ce que le demon y a violé par ses artifices; & reünissez au corps de l'Eglise, ce membre qui a été racheté par le Sang de votre Fils.

Aiez pitié, Seigneur, de ses gemissemens, aiez compassion de ses larmes; & recevez au Sacrement de votre reconciliation, celui qui n'a confiance qu'en votre misericorde. Par Jesus-Christ Notre-Seigneur. Ainsi soit-il.

Je vous recommande à Dieu trespuissant, mon tres cher Frere, & je vous laisse entre les mains de celui dont vous étes la créature : afin qu'après que vous aurez paié par votre mort le tribut de la nature humaine, vous retourniez à votre Auteur, qui vous a formé du limon de la Terre. Qu'une troupe d'Anges éclatans de gloire, viennent donc au devant de votre ame, à la sortie de son corps. Que le Senat des Apôtres qui doit juger l'Univers, vienne à votre rencontre. Que l'Armée triomphante des Martyrs vous reçoive. Que l'Ordre des Confesseurs ornez de lys, & couronnez de gloire, vous environne. Que le Chœur des Vierges vous reçoive, avec des Cantiques de joïe; & que les Patriarches vous embrassent étroitement, vous portant dans le sein du repos. Que Jesus-Christ se montre à vous, avec un visage doux & serein, & qu'il vous mette au nombre de ceux qui sont toûjours avec lui. Que l'horreur des tenebres, que l'ardeur des flâmes, & que la rigueur des tourmens vous soient inconnus. Que satan notre plus cruel ennemi, vous soit soûmis avec tous ses Ministres; qu'il tremble, vous voiant arriver en la compagnie des Anges, & qu'il fuie dans les cachots effroiables d'une eternelle nuit. Que Dieu se leve, & que ses ennemis soient dissipez: que ceux qui le haïssent s'enfuient de devant sa face. Qu'ils se dissipent comme la fumée, & que les méchans perissent devant Dieu, comme la cire se fond devant le feu. Que les Justes se réjoüissent comme des conviez à un festin, & soient comblez de joie en la presence de Dieu. Qu'ainsi toutes les legions d'Enfer soient remplies de honte & de confusion, & que les ministres de satan n'aient pas la hardiesse d'empêcher votre passage. Que Jesus-Christ, qui a été crucifié pour vous, vous delivre des tourmens de l'Enfer. Que Jesus-Christ, qui a daigné mourir pour vous, vous delivre de la mort éternelle. Que Jesus-Christ, Fils du Dieu vivant, vous donne entrée dans le Jardin delicieux de son Paradis, & que ce veritable Pasteur vous reconnoisse pour une de ses brebis : qu'il vous donne l'absolution de tous vos pechez, & qu'il vous mette à sa droite dans la compagnie de ses Elûs. Que vous voyiez votre Redempteur face à face, & que vous joüissiez éternellement de sa presence. Que vos yeux soient assez heureux pour voir clairement la premiere verité; & qu'étant admis dans la compagnie des Bienheureux, vous joüissiez de la contemplation divine, dans les siecles des siecles. Ainsi soit-il.

Ces Prieres, & les autres qui suivent dans le Rituel de l'Eglise, étant lues & recitées avec attention, exciteront dans le cœur des Fidelles une grande confiance en Jesus-Christ notre Sauveur; les detacheront de l'affection des créatures, les disposeront à bien mourir, leur feront supporter avec patience toutes les infirmitez du corps, toutes les afflictions de la vie & la mort même, & les rendront dignes d'être admis en la compagnie des Saints. Ainsi soit-il.

VIII. PREPARATION.

PARAPHRASE.

Sur l'Oraison Dominicale.

COmme je ne sçai pas l'heure de ma mort, & que je ne puis savoir si j'aurai assez de temps pour m'y preparer, & assez de force & de connoissance pour appliquer mon esprit à l'affaire de mon salut ; je vous supplie, ô mon Dieu, d'accepter les resolutions que je forme à present, & de recevoir cette Preparation, au défaut de celle que je ne pourrai peut-être pas faire à la fin de ma vie.

Notre Pere.

JE croi, mon Dieu, que vous étes mon Pere, qui m'aiez donné la vie de la nature & de la grace, & de qui j'espere celle de la gloire. Je me rejouis d'avoir un Pere si grand, si sage, si puiſſant, & ſi bon : mais j'ai bien de la douleur d'avoir dégeneré de ma nobleſſe, & de m'être rendu par mes crimes l'eſclave de Satan.

Mon Pere, j'ai peché contre le Ciel & contre vous : Je ne ſuis pas digne de porter la qualité de votre enfant, mais recevez-moi, s'il vous plaît, au nombre de vos ſerviteurs, & traitez-moi comme le dernier des mercenaires, qui ſont à vos gages. Je ſuis cet enfant prodigue, qui a diſſipé tous les biens de la nature & de la grace que vous lui avez donnez, & qui retourne à vous, conſumé de débauches & de miſeres. Recevez-le, Pere de miſericordes, recevez-le cet enfant dans votre maiſon, & ne le chaſſez pas éternellement de votre preſence. Votre Fils notre Sauveur, nous a aſſurez, que c'eſt pour les pecheurs que vous l'avez envoié au monde : pardonnez donc à un pauvre pecheur qui vous demande miſericorde, & ne perdez pas une ame pour laquelle votre Fils eſt mort.

O mon Pere, s'il eſt poſſible, que ce calice de mort & de douleur paſſe, ſans que je le boive. Delivrez moi des douleurs que je ſens, rendez-moi la ſanté

ſanté : toutefois que votre volonté s'accompliſſe, & non pas la mienne.

Qui étes aux Cieux.

VOus étes au Ciel, ô mon Dieu, & je ſuis ſur la Terre. Vous étes dans un ſejour de paix, & je ſuis dans un lieu de combats. Vous étes au Ciel pour me récompenſer, & je ſuis ſur la Terre pour vous ſervir. Helas! c'eſt ce que je n'ai pas encore commencé de faire. Mais tout méchant & tout ingrat que je ſuis, j'eſpere, ô Dieu de miſericorde, que vous me recevrez dans votre Paradis : & je fonde mon eſperance ſur les merites de votre Fils JESUS, & ſur le Sang précieux qu'il a verſé pour moy.

O! quand viendra ce jour ſi deſiré, le plus beau & le plus heureux de tous les jours? O que la Terre me déplaît, quand je regarde le Ciel! O Paradis! que ne doit-on point faire pour te gagner? Que ne doit-on point ſouffrir pour te meriter? Tout ce que j'endure n'eſt rien au prix de ce que j'eſpere. Heureux, mon Dieu, ſont ceux qui demeurent dans votre maiſon; ils vous loüeront & beniront dans les siecles des siecles. Ainsi soit-il.

Que votre Nom soit sanctifié.

NOm très-saint & très-adorable de mon Dieu ! je n'étois au monde que pour vous honorer, & je n'ai fait pendant ma vie, que vous blasphemer & vous outrager. Je n'ai travaillé qu'à glorifier le mien ; & par un attentat horrible, j'ai voulu monter sur votre Trône, pour me faire adorer par vos creatures. J'étois méchant, & j'ai voulu paroître bon ; & quoi que je fusse rempli de crimes, j'ai affecté par une hypocrisie detestable, un air de vertu & de probité que je n'avois pas. Je vous en demande pardon, Roy de Gloire & de Majesté, & je vous conjure, par votre saint Nom, de me faire misericorde.

O saint Nom de JESUS ! vous étes toute mon esperance & toute ma consolation. Vous avez protesté, Verité increeée, que quiconque invoquera votre Nom avec foy & confiance, sera sauvé ; je l'invoque de tout mon cœur, & avec tout le respect & la devotion possible : ne permettez donc pas que je sois damné.

Que votre Royaume arrive.

QUand sera-ce, ô mon Dieu, que ce Royaume arrivera ? Quand regnerez-vous paisiblement dans mon cœur ? Quand serez-vous le Maître absolu de mon corps & de mon ame ? Helas ! je ne vous ai point fait regner sur la Terre. C'est pour cela que je merite la mort. Je l'accepte très volontiers, en punition de mes perfidies ; & quoi que je sois le plus scandaleux de tous les hommes, je vous conjure de ne me pas chasser de ce Royaume de paix & de sainteté, d'où les scandales sont bannis.

Mon Ame, console-toy, voilà le Royaume de Dieu qui approche. Tu n'as plus qu'un moment à souffrir, & ce moment de souffrance te va produire un poids éternel de gloire. Combats donc jusqu'à la fin, & ne perds pas par ta lacheté une couronne qui t'est promise & preparée dans le Ciel.

Que vôtre volonté soit faite.

O Mon Dieu ! puisque je n'ai point fait votre volonté pendant ma vie, que je la fasse du moins à ma mort. Voulez-vous que je vive ? voulez-vous que je meure? Voulez-vous que je faſſe penitence ſur la Terre ? voulez-vous que je l'aille faire dans le Purgatoire? Voulez-vous prolonger mes douleurs ? voulez-vous les finir? Mon cœur eſt prêt, Seigneur, mon cœur eſt prêt à faire & a ſouffrir tout ce qu'il vous plaira. Il eſt prêt à vivre, il eſt prêt à mourir ; il eſt prêt à monter au Ciel, il eſt prêt à demeurer ſur la Terre. Toute la grace que je vous demande, c'eſt que votre volonté ſe faſſe toûjours, & que la mienne ne ſe faſſe jamais, ſi elle eſt contraire à la votre.

Donnez-nous aujourd'hui notre Pain quotidien.

JE vous remercie, ô Pere charitable, de m'avoir donné pendant tant d'années le pain materiel de la nature pour nourrir mon corps, & le pain ſpirituel de la grace pour ſubſtenter mon ame : mais principalement de m'avoir donné tant de fois le pain des Anges, qui eſt le ſacré Corps & le précieux Sang de votre Fils, pour me procurer une vie éternelle.

Heureux ceux qui mangeront ce pain dans le Royaume de Dieu ! O pain de vie ! je ne crains plus la mort, puisque j'ai eu le bonheur de vous manger. Je n'apprehende plus mes ennemis, puisque vous étes avec moy. Je marcherai, fortifié de ce pain, par le desert de cette vie, jusqu'à ce que j'arrive à la montagne d'Oreb, qui est la vûe de Dieu. Vous avez protesté, ô Sauveur de mon ame, que celui que mangera ce pain, vivra éternellement. Je sçai que vous ne pouvez mentir ; que vous ne pouvez nous tromper. Ceux qui vous ont été unis en cette vie, peuvent-ils être separez de vous après leur mort ?

O JESUS ! donnez-moi le pain de votre grace en ce jour, qui sera peut-être le dernier de ma vie. Soutenez ma foiblesse, & fortifiez-moi de votre secours, de peur que je ne tombe en défaillance, & que je ne meure en chemin, si je ne suis nourry de ce pain celeste.

Pardonnez-nous nos offenses, comme &c.

JE suis effrayé, Seigneur, à la vûë de mes pechez. Le nombre en est infini, & la malice extrême. Que ferai-je pour assurer mon salut ? Je ne puis plus ni jeûner, ni prier, ni faire de penitences. Vous avez promis, Verité éternelle, que vous pardonnerez à celui qui aura pardonné, & que vous ferez misericorde à celui qui aura fait misericorde. Je pardonne de tout mon cœur à tous ceux qui m'ont offensé; je vous prie de ne leur point imputer le mal qu'ils m'ont fait. Pardonnez-moy donc aussi, Dieu juste & fidelle, & ne vous souvenez plus de mes offenses pour m'en punir.

Et ne nous laissez pas succomber à la tentation.

HElas ! que je suis en danger de perir, si vous ne me secourez ! L'Enfer est ouvert sous mes pieds pour m'engloutir; des Lions rugissans sont autour de moi, qui se préparent à me dévorer : mais quoi que je marche à l'ombre de la mort, je ne craindrai rien, puisque vous êtes avec moi. Anges de Dieu, ne m'abandonnez pas ; empêchez-moi d'être tenté, du moins ne me laissez pas succomber à la tentation.

Mais délivrez-nous du mal.

DElivrez-moi de celui du corps, que je ſens, & que j'ai bien merité. Delivrez-moi de celui de l'ame, que je dois craindre, & dont je ſuis menacé. Délivrez-moi du plus grand de tous les maux, qui eſt l'Enfer. O Dieu de miſericorde ! ne me jettez pas dans ce lieu de tourmens, & ne me condamnez pas à la mort éternelle. Helas ! comment pourrois-je être pendant une éternité ſeparé de vous ? Recevez-moi dans votre Paradis, où je puiſſe vous benir & vous remercier avec vos Saints dans tous les ſiecles des ſiecles. Ainſi ſoit-il.

FORMULE

De ſe conſacrer au ſervice de la ſainte Vierge, pour obtenir par ſon interceſſion une bonne & ſainte mort.

SAinte Marie, Mere de Dieu, Vierge très-pure, Reine de l'Univers : quoi que je ſoïs indigne d'être au nombre de vos ſerviteurs ; me confiant néanmoins en votre miſericorde, &

poussé du desir de vous servir, je vous choisis aujourd'hui, en presence de toute la Cour celeste, pour ma Reine, pour ma Mere, & pour mon Avocate auprès de Dieu; & je fais un ferme propos de vous honorer, de vous servir, & de vous aimer le reste de ma vie; de ne rien dire & de ne rien faire qui blesse votre honneur; & de ne permettre jamais qu'aucun de ceux qui dépendent de moi, dise ou fasse rien qui puisse vous déplaire. Je vous conjure donc, ô Mere de misericorde, par le Sang précieux que votre cher Fils a répandu pour moi, de me recevoir au nombre de vos enfans & de vos serviteurs, de m'assister dans toutes mes actions, de m'obtenir toutes les graces qui me sont necessaires, & de ne me point abandonner à l'heure de la mort, mais de me défendre contre mes ennemis, & de recevoir mon ame entre vos mains quand elle quittera mon corps, pour la presenter à votre Fils que je desire de voir, de louer, & d'aimer avec vous dans le Ciel durant toute l'éternité. Ainsi soit-il.

IX. PREPARATION.

Oraiſon à la Sainte Vierge, pour obtenir une bonne mort.

Au Nom du Pere, & du Fils, & du Saint Eſprit.

COmme je ne ſçai pas l'heure de ma mort, & que je ne puis ſavoir ſi j'aurai aſſez de tems pour m'y préparer, & aſſez de force & de connoiſſance pour appliquer mon eſprit à l'affaire de mon ſalut; je vous ſupplie, ô très-ſainte Vierge, de preſenter à votre Fils cette Préparation que je fais maintenant, au défaut de celle que je ne pourrai peut-être pas faire en ma derniere maladie; & de m'obtenir la grace de mourir doucement entre vos bras. C'eſt pour cela que je vous dis avec la ſainte Egliſe :

Salve Regina, Mater miſericordiæ.

JE vous ſaluë, ô Reine du Ciel & de la Terre, des Anges & des Hommes, des vivans & des morts. Je vous ſaluë, ô Mere de miſericorde & des miserables. Vous étes une Mere de grace pour les Justes; mais vous étes une Mere de misericorde pour les pecheurs qui desirent de se convertir. C'est ce qui me donne l'assurance de m'adresser à vous, & ce qui me fait esperer que vous exaucerez mes prieres. Si vous n'étiez que Mere de Justice, je devrois vous apprehender : Mais qu'ai je à craindre d'une Mere de misericorde ? ou plûtôt que n'en dois-je point esperer?

Vita, dulcedo, & spes nostra, salve.

Je vous saluë, *notre Vie, notre Douceur, & notre Esperance.* Puisque vous étes Mere de Dieu, il faut que vous soyez Mere des Hommes : car donnant la vie à un Dieu, vous l'avez renduë à tous les Hommes, qui étoient tous ensevelis dans les ombres de la mort. Vous les avez conçus avec votre Fils en Nazareth; mais vous les avez enfantez avec une extrême douleur sur le Calvaire. Ils vous ont été donnez en la personne de S. Jean, qui representoit tous les enfans adoptifs de Dieu, lorsque votre Fils vous dit : *Femme, voila votre Fils*, & qu'il dit à son cher Disciple : *Voila votre Mere.*

O ſainte Vierge! vous n'étes pas une Mere de rigueur, mais une Mere de douceur & de bonté. Nous avions en Dieu un Pere de miſericorde; mais il nous falloit auſſi une Mere de miſericorde; & c'eſt à vous, douce Vierge, que cette qualité eſt duë. Depuis que vous avez porté pendant neuf mois la Miſericorde même dans votre chaſte ſein, peut-on douter que vos entrailles ne ſoient toutes imbuës & toutes penetrées de miſericorde? Voilà ce qui releve notre courage. Voila ce qui nous remplit de confiance, & qui nous fait vous appeller, avec la Ste. Egliſe, *toute notre Eſperance*, aprés Jeſus-Chriſt votre Fils.

Ad te clamamus, exules filii Evæ.

Nous vous reclamons, nous qui ſommes les enfans de cette Eve infortunée, qui nous a donné la mort avant que de nous donner la vie; & qui par ſa faute, nous a chaſſez du Paradis de delices où la bonté de Dieu nous avoit mis; pour faire penitence dans cet exil de miſeres, où la Juſtice de Dieu nous à releguez: Mais le Pere de miſericorde vous a choiſie, ô Vierge ſainte, pour reparer les dommages que la premiere Femme nous a faits. Vous gueriſſez ceux qu'elle a bleſſez. *Vous ſauvez ceux qu'elle a damnez* ; & vous faites entrer dans le Paradis celeſte ceux qu'elle a bannis du Paradis terreſtre.

C'eſt pour cela que *nous crions vers vous*, *& que nous ſoûpirons*, *gemiſſans & pleurans en cette vallée de larmes*, où nous ſommes chargez de pechez, accablez de miſeres, éloignez de Dieu, environnez d'ennemis, bannis de notre chaire patrie, & toujours en danger de perir.

Eia ergo, Advocata noſtra, &c.

Nous vous ſupplions donc, ô notre chere Avocate, de jetter les yeux de votre miſericorde ſur nous. Nous avons auprès du Pere un Avocat tout puiſſant, qui eſt Jeſus-Chriſt votre Fils: Mais il nous failloit encore une puiſſante Avocate auprès de cet Avocat, parce qu'il eſt notre Juge. Or c'eſt vous, ô Vierge ſainte, que Dieu a choiſie, & qu'il a tranſportée de la Terre au Ciel, afin que vous intercediez confidemment pour nous auprès de lui, comme dit la ſainte Egliſe.

Jettez donc les yeux de votre misericorde sur moi : car vous ne pouvez rien voir sur la Terre qui soit plus miserable que moi, & plus digne de votre compassion. Si vous me regardez d'un œil favorable, je serai sauvé : mais si vous detournez les yeux de dessus moi, je suis perdu. Qui peut apprehender ce malheur, s'il vous reclame avec confiance ? Où est le pecheur qui puisse dire que vous l'avez méprisé, lorsqu'il vous a invoqué dans le dessein de se convertir ?

Et Jesum benedictum fructum, &c.

Faites-moi voir aprés cet exil votre Fils tres-beni. C'est par vous que nous l'avons vû sur la Terre, revêtu de notre chair ; & c'est par vous que j'espere le voir dans le Ciel, revêtu de gloire. O que je mourrai content, si je meurs entre vos bras : Je ne craindrai point tous les demons de l'Enfer, pourvû que vous soiez avec moi par votre protection, & que je sois avec vous par une parfaite confiance.

O Clemens !

O Mere de bonté !

O Pia !

O Mere de pieté !

O Dulcis Virgo Maria.

O Mere de douceur, ſacrée Vierge Marie, aſſiſtez-moi pendant la vie, & ne m'abandonnez pas à la mort.

X. PREPARATION.

La Salutation de l'Ange à la ſainte Vierge, pour obtenir une bonne Mort

Ave Maria Gratia plena.

Je vous ſalue, Marie pleine de grace.

VOus en avez été remplie dès votre Conception Immaculée, & c'eſt de cette plenitude ſurabondante, que l'Aveugle reçoit ſa lumiere, le Malade ſa gueriſon, le Captif ſa rançon, le Juſte ſa grace, le Pecheur ſon pardon, l'Ange ſa joie, le Fils de Dieu ſa chair, & la ſainte Trinité ſa gloire.

Dominus tecum.

Le Seigneur eſt avec vous.

Il eſt avec vous, comme un Pere avec ſa fille ; comme un fils avec ſa Mere ; comme un époux avec ſon épouſe. Le Pere vous communique ſa puiſſance ; le Fils ſa ſageſſe ; le St. Eſprit ſa bonté. O Mere incomparable ! que je ſois toûjours avec vous par une tendre devotion, & que vous ſoiez toûjours avec moi, vivant & mourant, par une protection continuelle.

Benedicta tu in Mulieribus.

Vous êtes benie entre toutes les femmes,

Qui ont été, qui ſont, & qui ſeront. Vous êtes benie en votre Conception, aiant été preſervée du peché originel. Benie en votre Annonciation, étant devenue Mere de Dieu, ſans ceſſer d'être Vierge. Benie en votre Aſſomption, étant morte d'amour, & portée au Ciel, pour y regner avec votre Fils.

Vous êtes benie entre toutes les femmes ; puiſque vous avez été predeſtinée de toute éternité, pour être Mere de Dieu ; puiſque vous avez été comblée de graces, & remplie du St. Eſprit, puiſque vous avez été élevée dans le Ciel au deſſus de toutes les créatures ; & que vous êtes l'aurore du ſalut, l'eſperance des miſerables, la Reine des hommes, la porte du Paradis, & la diſpenſatrice de toutes les graces.

Et benedictus fructus, &c.

Et beni est le fruit de vos entrailles,

Jesus-Christ Notre-Seigneur, qui vous a choisie pour sa Mere, qui vous a élevée sur son Trône, qui vous a rendue la joie de toute la Terre, la gloire du Ciel, la Reine des Anges, la Reparatrice du monde, la Mere des Justes, l'azile des pecheurs, la terreur des demons, l'appui & la consolation de tous les miserables.

Sancta Maria, Mater Dei, &c.

Sainte Marie, Mere de Dieu,

Et des hommes; priez pour nous pauvres pecheurs, puisque vous étes notre Avocate & notre Mediatrice auprès de votre Fils.

Nunc.

Maintenant,

Que nous sommes environnez de tant d'ennemis, combattus de tant de tentations, esclaves de tant de vices, accablez de tant de miseres.

Et in hora mortis nostræ.

Mais principalement *à l'heure de notre mort.*

Qui decidera l'affaire de notre salut; qui

qui fermera le tems, & ouvrira l'eternité; qui sera la derniere de toutes les heures, & où notre salut sera en tres-grand danger.

O Mere de Jesus! puisque vous avez assisté à la mort du Chef des Predestinez, il faut que vous assistiez à celle de tous ses membres : & comme il est impossible qu'aucun de vos Serviteurs soit damné, parce qu'on ne peut être votre serviteur sans l'être en même tems de votre Fils Jesus; il faut que vous leur procuriez à tous une bonne mort. Faites-moi donc la grace, ô Mere de misericorde, d'assister à la mienne. Fortifiez-moi dans ce dernier combat par votre secours; dissipez les demons mes ennemis par votre presence, & recevez mon ame entre vos mains : afin que je vous benisse, que je vous loue, & que je vous remercie dans le Ciel, en la compagnie des Saints, pendant les siecles des siecles. Ainsi soit-il.

XI. PREPARATION.

Colloque plein de tendresse, avec Jesus-Christ Crucifié, dont peut s'entretenir un Chrétien qui se voit proche de la Mort.

Au Nom du Pere, & du Fils, & du Saint Esprit.

COmme je ne sçai pas l'heure de ma mort, & que je ne puis savoir si j'aurai assez de tems pour m'y preparer, & assez de force & de connoissance, pour appliquer mon esprit à l'affaire de mon salut; je vous supplie, ô mon Dieu, d'accepter les resolutions que je forme à present, & de recevoir cette Preparation au defaut de celle que je ne pourrai peut-être pas faire à la fin de ma vie.

Le Malade prenant de tems en tems son Crucifix, dira :

VOici le Bois sacré de la Croix, où est attaché le salut du Monde : ça, mon Ame, adorons-là, embrasſons-là, & uniſſons notre mort à celle de Jeſus mourant.

Je vous adore, Seigneur Jeſus, de tout mon cœur, parce que vous avez racheté le Monde par votre ſainte Croix. Divin Sauveur, qui avez tant ſouffert pour moi, ſoiez propice à ce pauvre pecheur, qui vous reclame avec humilité & confiance.

Jettez les yeux, grand Dieu, ſur votre Fils Jeſus, qui pour vous être obéiſſant juſqu'à la mort, s'eſt laiſſé attacher à cette Croix. Ne detournez point la vûë des plaies qu'il a reçûës pour l'amour de nous. Peſez à la balance de cette Croix, les pechez que j'ai commis, & les douleurs qu'endure votre Fils innocent; & vous verrez, Seigneur, que le merite & ces douleurs ſurpaſſe infiniment le poids de mes iniquitez. Obligez donc votre Juſtice à ſe paier de ce prix infini, & à ne plus pourſuivre la vengeance qu'elle demande. Regardez comme il y eſt attaché, & entendez comme il vous prie : *Pardonnez-leur, mon Pere*, Vous dit-il, *car ils ne ſavent pas ce qu'ils font.* C'eſt pour moi, Seigneur, qu'il a prié : pardonnez-moi donc comme il le demande,

& comme moi-même, pour lui obéir, je pardonne de tout mon cœur à tous mes ennemis.

Regardez, mon Ame, ce que vous valez, & ce que vous devez; vous valez la vie d'un Dieu, & vous devez votre vie à ce même Dieu, qui a donné la ſienne pour la vôtre. N'êtes-vous pas content de mourir pour lui, comme il eſt mort pour vous? Regardez les plaies de ſon Corps dechiré. Regardez ſon Sang qui coule de toutes parts. Quelle plus grande preuve demandez-vous de ſon amour? Il a les bras étendus pour vous embraſſer; il a le cœur ouvert, pour vous y recevoir.

Souffrez donc, mon divin Sauveur, que j'approche ma bouche pour baiſer vos plaies adorables; que j'embraſſe vos pieds; que je me cache dans votre ſacré côté. *Vous êtes mon Dieu & mon Sauveur, je traiterai confidemment avec vous, & je ne craindrai rien, parce que Jeſus eſt ma force, & qu'il s'eſt fait mon ſalut.*

O que je baiſe humblement ces pieds, qui ont fait tant de pas pour moi durant toute votre vie!

Seigneur, vous vous êtes fatigué à

me chercher, & vous vous étes laiſſé attacher à la Croix pour me racheter. Que tant de peines ne ſoient pas priſes inutilement, & qu'elles ne demeurent pas ſans fruit.

Trouvez bon, mon Jeſus, qu'en baiſant ces mains bienfaiſantes, à qui je ſuis ſi obligé, je leur remette mon ame, afin qu'elles la conſervent & la protegent contre tous mes ennemis. *In manus tuas, Domine, commendo ſpiritum meum*: Seigneur je remets mon ame entre vos mains.

O Cœur infiniment aimable! vous ſerez le lieu de mon repos: j'y demeurerai, je n'en ſortirai jamais; c'eſt la place que j'ai choiſie, & la meilleure part, que perſonne ne m'ôtera jamais. Sacré Cœur de Jeſus, je vous adore, je vous remercie de ce que vous endurez pour moi. Je deteſte tous mes pechez, qui ſont la cauſe de vos ſouffrances: & je vous demande qu'il vous plaiſe de me fortifier contre les fraieurs de la mort, & contre les fureurs du demon. Ouy, je veux vous donner vie pour vie, cœur pour cœur, amour pour amour.

ORAISON.

AMe de Jesus, sanctifiez-moi.
Corps de Jesus, sauvez-moi.
Sang de Jesus, purifiez-moi.
Eau du Coté de Jesus, lavez-moi.
Passion de Jesus, fortifiez-moi.
Plaies de Jesus, guerissez-moi.
Cœur de Jesus, allumez-moi.
Cloux de Jesus, penetrez-moi.
Epines de Jesus, couronnez-moi.
Croix de Jesus, consacrez-moi
Bonté de Jesus, absoudez-moi.
Grace de Jesus, remplissez-moi.
Esprit de Jesus, inspirez-moi.
Douceur de Jesus, consolez-moi.
Misericorde de Jesus, sauvez-moi.
Piez de Jesus, venez à moi.
Mains de Jesus, benissez-moi.
O bon Jesus, exaucez-moi.
Dans vos plaies, cachez-moi.
Ne vous separez pas de moi.
Du malin esprit, défendez-moi,
A l'heure de ma mort, apellez-moi.
Et conduisez-moi par votre infinie misericorde jusqu'à la felicité eternelle, pour vous loüer avec vos Saints dans tous les siecles des siecles. Ainsi soit-il.

ORAISON.

Pour dire devant l'Image du Crucifix.

MOn Seigneur Jesus-Christ, par cette amertume de la mort, que vous avez soufferte pour moi sur la Croix, principalement lors que votre sainte Ame est sortie de votre sacré Corps, faites misericorde à mon ame, lors qu'elle sortira de cette vie; Vous qui vivez & regnez avec Dieu le Pere & le saint Esprit. Ainsi soit-il.

ORAISON.

A l'honneur du St. Suaire de Notre-Seigneur Jesus-Christ.

O Dieu, qui nous avez laissé les marques de votre Passion au Saint Suaire, dans lequel votre tres sacré Corps, étant deposé de la Croix, a été enveloppé par St. Joseph : octroiez-nous benignement, que par votre Mort & Sepulture, nous puissions parvenir à la veritable Resurrection. Qui vivez & regnez avec le Pere, en l'unité du St. Esprit Dieu, en tous les siecles des siecles. Ainsi soit-il.

INSTRUCTION POUR LES MALADES.

Un malade vraiment Chrétien doit faire trois choses.

Souffrir, Obeir, et Mourir.

Souffrir pour Dieu.
Obéir aux hommes.
Mourir à lui-même.

Souffrir genereusement.
Obéir humblement.
Mourir tranquillement.

Souffrir tout le mal qu'on lui fait.
Obéir à tous ceux qui le gouvernent,
Mourir à tout ce qu'il craint & à ce qu'il desire.

Souffrir sans murmurer.
Obéir sans resistance.
Mourir sans apprehension.

Souffrir en pecheur.
Obéir en Chrétien.
Mourir en Saint.

Souffrir, acceptant tout ce qu'il plaît à Dieu de lui envoier.
Obéir, faisant tout ce qu'il plaît aux hommes de lui ordonner
Mourir, rendant l'esprit au tems qu'il plaît à Notre-Seigneur de l'appeller.

EXERCICE
DE PIETE',
POUR SE PREPARER
A BIEN MOURIR,

Disposé pour tous les jours de la Semaine.

Avant propos.

TOus les tems, à la verité, sont propres pour se disposer à la mort : mais il est assez convenable de determiner pour cet Exercice de Preparation à la mort, les quatre semaines de l'année dans lesquelles arrivent les Quatre-tems. Comme ce sont des jours de jeûne & de penitence, ils seront bien propres à s'occuper serieusement de la pensée de la mort. Quand on se trouve dans quelque maladie dangereuse, il est bon aussi de se faire lire cet Exercice, & de s'en occuper autant que le mal le peut permettre; & enfin, ſans attendre la maladie, quand Dieu vous l'inſpirera.

PREPARATION GENERALE.

Avant que de commencer la Semaine de cet Exercice.

AIez ſoin, autant qu'il vous ſera poſſible, durant cette ſemaine, de regler de telle ſorte vos affaires, & les plus ordinaires occupations de la journée, que vous puiſſiez au moins reſerver quelques heures de retraite, & de ſeparation du commerce du monde, pour obéir à ce que Dieu vous preſcrit par ſon Prophete Iſaïe : *Allez, mon peuple, entrez dans votre chambre, fermez votre porte ſur vous, & demeurez un peu caché pour un moment, &c.* Comme s'il diſoit : Entrez dans le ſecret de votre cœur, qui eſt comme la chambre où vous devez repoſer; fermez ſur vous toutes les portes de vos ſens; tenez-vous ainſi retiré, même pendant cette vie, qui n'eſt qu'un moment à l'égard de l'Eternité, où votre retraite infiniment plus parfaite ſera dans le ſein même de Dieu

Il vous exhorte auſſi à la retraite par le Prophete Oſée : *Je l'attirerai doucement*, dit-il. *je la menerai en la ſolitude, & là je lui parlerai au cœur.*

Jeſus-Chriſt même vous la recommande inſtanmment en St. Matthieu : *Lors que vous voudrez prier, entrez dans un lieu retiré de votre maiſon; & fermant la porte, priez votre Pere, &c.* où il vous fait entendre que le cœur eſt le vrai partage de Dieu, à qui on doit le reſerver entier.

C'eſt pourquoi, le Samedi après Vêpres, où le ſoir, vous étant retiré & recueilli en un lieu particulier, & vous mettant en la preſence de Dieu, invoquez le St. Eſprit, & tâchez d'imprimer fortement dans votre eſprit & dans votre cœur les cinq veritez ſuivantes, ſur chacune deſquelles, après en avoir fait la lecture, vous ferez quelques reflexions.

I. Vous devez conſiderer toutes les heures & tous les momens qui compoſent le cours de votre vie, comme autant de pas & de demarches que vous faites pour aprocher de votre mort & du tombeau.

II. Il eſt même veritable que la mort

s'est deja emparé, & tient en son pouvoir toutes les années que vous avez vêcu jusqu'à present : tout le tems que vous avez passé depuis votre naissance, est deja mort & aneanti pour vous : vous mourez à tous les momens qui s'écoulent, & vous n'y pensez pas.

III. Vous 'devez donc considerer chaque journée que vous commencez, comme si c'étoit la derniere de votre vie, non seulement par la raison generale qui oblige tous les Chrétiens à penser souvent à la mort, laquelle peut nous surprendre à chaque moment ; mais encore par la consideration de votre âge, de vos infirmitez, ou de vos pechez.

IV. Neanmoins cette pensée de la mort ne doit pas vous étonner, ni vous causer de l'inquietude ou du chagrin : ce seroit un grand défaut, & une marque de votre attachement à la vie presente ; ce seroit imiter les Payens, qui, comme dit St. Paul, n'ont point l'esperance d'une vie éternellement heureuse.

V. Cette pensée frequente doit bien plûtôt vous rendre la mort familiere, & vous obliger à vous y disposer, afin que vous ne soiez pas surpris quand il plaira à Dieu de vous l'envoier.

Pour cet effet, chacun des jours de la ſemaine que vous deſtinerez à cette devotion, pour le moins quatre fois l'année, vous ferez un petit Exercice propre à ce deſſein.

Cet Exercice ſera compoſé de cinq conſiderations, qui vous porteront à demander à Dieu, I. Qu'il detruiſe dans votre cœur l'amour de la vie preſente, & qu'il vous en detache parfaitement. II. Qu'il vous faſſe accepter avec une profonde ſoumiſſion la mort, quand il lui plaira de vous l'envoier. III. Qu'il vous inſpire un grand & ſincere deſir de l'eternité bienheureuſe.

La premiere conſideration élevera votre eſprit & votre cœur vers Dieu & vers ſes perfections adorables.

La II. vous attachera à l'humanité ſainte de Jeſus-Chriſt.

La III. ſera à l'égard de vous-même & de vos défauts.

La IV. regardera cette vie mortelle, & le monde preſent.

La V. vous repreſentera l'autre vie, & l'éternité ou bienheureuſe ou malheureuſe.

A la fin de ces conſiderations, vous demanderez à Dieu, par les merites de

Jesus-Christ, la grace de bien mourir, & de vous y disposer par la pratique des vertus Chretiennes, & par la correction de vos défauts; le suppliant tres-instanment de benir & de rendre efficace la resolution que vous en formerez.

POUR LE DIMANCHE.

APrès vous être preparé par la priere, & vous être mis en la presence de Dieu.

I. Vous adorerez l'éternité de Dieu, le considerant comme le premier Etre existant necessairement par lui-même, possedant la plenitude de l'Etre, & toutes les perfections possibles; comme vivant d'une vie qui n'a jamais commencé, & qui ne finira jamais; comme source de vie, en qui toutes choses sont vivantes; comme possedant seul l'immortalité par lui-même, & qui meriteroit que toutes les creatures lui fussent sacrifiées, pour rendre hommage à son éternité, par la destruction de leur être, en quoi consiste la souveraine adoration: d'où vient que Dieu ordonna que dans les Sacrifices de l'ancienne loi la victime fût égorgée, & que dans l'Holocauste elle fût entierement consommée par le feu ; pour temoigner que Dieu seul subsiste éternellement par lui-même, & qu'il n'a aucun besoin des créatures qu'il a tirées du néant & qu'il peut aneantir quand il voudra. Puis donc que Dieu est la vraie vie, & la source de la vie, tous ceux qui sont separez de lui, sont dans une veritable mort. Vous apprehenderez cette separation, qui se fait par le peché qui nous prive de Dieu. Vous le supplierez de vous tenir toujours uni à lui, pour vous faire vivre de lui-même : & sachant que la mort corporelle doit introduire les Justes dans la vie divine de l'éternité & de la gloire, après avoir commencé d'en jouir ici-bas par la grace, vous accepterez cette mort, en le suppliant de faire en sorte qu'elle soit accompagnée de grace & de sainteté. *Pause.*

II. Vous adorerez l'Humanité sainte de Jesus-Christ, comme toujours vivante de cette vie de Dieu : car même lorsque son ame fut separée de son corps à la Croix, la Divinité ne fut point separée ni de l'ame ni du corps ; & depuis que par sa Resurrection Jesus-Christ est entré dans la gloire de son Pere, son Humanité a participé à sa gloire, & à son éternité. Elle avoit été formée dans le tems, & renduë mortelle par l'incarnation; mais elle a reçu une vie glorieuse & une veritable immortalité par la Resurrection: n'étant plus sujette à la mort, elle vivra éternellement. Vous rendrez grace à Jesus-Christ de ce que par les humiliations, les souffrances & la mort de son Humanité, il a ôté à la mort toutes les horreurs qu'elle avoit auparavant; de ce qu'il l'a renduë aimable, pretieuse & sainte dans elle-même, & vous devez l'accepter en l'honneur & en l'union de la mort de votre adorable Sauveur. *Pause.*

III. A l'égard de vous-même, considerez que Dieu aiant créé le premier homme innocent, il l'avoit rendu immortel; & après certain nombre d'années, s'il eût fidelement conservé la grace originelle, il l'auroit transferé de la Terre au Ciel sans mourir. Mais aiant perdu fort promptement son innocence, à laquelle étoit attachée son immortalité, il merita aussi de perdre la vie, & fut condamné à la mort, laquelle proprement n'est pas un ouvrage de de Dieu ; mais la ſuite, l'effet, & la punition du peché. Vous n'étes donc ſujet à la mort qu'à cauſe du peché ; & vous multipliez autant de fois vos engagemens à la mort, que vous multipliez vos pechez. Combien donc étes-vous obligé de deteſter le peché, qui vous a fait tant de fois meriter de perdre la vie temporelle, & encore la vie éternelle, en vous faiſant perdre Dieu, qui vous doit être plus cher que votre vie ? *Pauſe.*

IV. En vous conſiderant encore vivant ſur la Terre, vous devez gemir comme dans un exil, & ſoupirer inceſſamment après la bienheureuſe Eternité où eſt votre veritable Patrie, & où vous poſſederez une vie qui durera autant que Dieu même. Vous devez détacher tout-à-fait votre cœur de l'amour du monde preſent, puiſque le peché, la mort, & la domination du démon y ont regné depuis le peché d'Adam, comme nous l'apprend ſaint Paul : d'où vient auſſi que la terre que nous habitons eſt appellée la Region de l'ombre de la Mort, & que notre corps eſt nommé un corps de mort. Enfin les hommes vivans ſur la terre ne ſont pas ſeulement mortels, mais Jeſus-Chriſt même declare que ce ſont autant de morts, lorſqu'il dit à ce jeune homme qui vouloit aller enterrer ſon pere avant que de s'attacher à ſa ſuite : *Laiſſez les morts enſevelir les morts. Pauſe.*

Si nous étions éclairez & animez d'une vraie Foi, qui nous fît bien comprendre toutes ces veritez, ſerions-nous ſi fort attachez à la vie preſente, qui n'eſt qu'une veritable mort? Pourrions-nous encore aimer le monde, où regnent le peché, la mort & le demon? Pourrions-nous apprehender de quitter la Terre qui eſt la region de la Mort & le lieu de notre banniſſement ? Diſons plûtôt avec S. Paul : *Qui me délivrera de ce corps de mort ? Ce ſera la Grace de Dieu par Jeſus-Chriſt Notre Seigneur :* ou, avec le même Apôtre : Je deſire d'être degagé des liens du corps, & d'être avec Jeſus-Chriſt. *Jeſus-Chriſt eſt ma vie, & la Mort eſt un gain pour moy. Pauſe.*

V. Enfin ſi vous conſiderez avec une vive foi l'Eternité de Dieu, de laquelle ſont participans les Bienheureux, & la vie immortelle dont ils jouïſſent, vous ſerez puiſſamment conformé dans cette ſainte diſpoſition, qui vous donnera du dégoût & de la haine pour cette vie preſente qui vous arrête ſur la Terre; & vous recevrez avec joye la mort, qui vous doit introduire dans l'Eternité bienheureuſe, qui ne ſe trouve que dans le Ciel, lequel eſt appellé dans l'Ecriture, la Terre des vivans. C'eſt là qu'eſt le Trône de Dieu, le Royaume de Jeſus-Chriſt, & la reſidence de ſon Humanité ſainte. En attendant que vous y arriviez, vous devez y porter tous vos deſirs, & toutes vos eſperances; y penſer ſouvent avec attention & avec amour; & ſoupirer inceſſamment après ce bonheur.

PRIERE.

O Mon Sauveur Jeſus, imprimez fortement ces diſpoſitions dans mon cœur; rendez-les ſolides & perſeverantes; détruiſez tout l'amour & tout l'attachement que je puis avoir à cette vie temporelle; diſſipez & chaſſez les frayeurs que ma foibleſſe me fait avoir de la mort, & faites que je meure de la mort des Juſtes. Ainſi ſoit-il.

POUR LE LUNDI.

APrès la préparation faite par la priere, & vous étant mis en la presence de Dieu,

I. Adorez la Justice de Dieu qui a une haine infinie contre le peché qu'elle ne peut souffrir sans le persecuter & le punir : ayant ordonné la mort comme le châtiment & le supplice du pecheur, lorsqu'il dit à Adam : Au même temps que tu mangeras du fruit defendu, tu mourras. En quelque occasion de peché où vous vous trouviez, appliquez-vous cette menace divine, comme si elle vous étoit adressée. Entrez dans le zele de cette Justice de Dieu, pour haïr le peché comme il le haït, & pour le punir & le détruire en vous. Comme rien n'est plus équitable que cette haine & cette punition du peché; en vous reconnoissant très-coupable, acceptez dès à present la mort de tout votre cœur : & en adorant cette Justice, par votre soumission volontaire à la mort, à laquelle elle vous a condamné, esperez d'avoir part à la vie éternelle que sa bonté vous prépare. *Pause.*

II. Vous considererez l'Humanité sainte de Jesus-Christ, comme ayant été chargée des pechez de tous les hommes, & par cette raison assujettie à la mort, quoi qu'il fût le bien-aimé & les délices de son Pere, comme il étoit le plus Saint de tous les hommes, & la Sainteté même : néanmoins portant l'image du peché en sa chair ; semblable à la chair de peché, il a été traité avec la derniere rigueur. Vous ferez une serieuse reflexion sur ces paroles du Prophete Isaïe : *Il a pris veritablement nos langueurs sur lui, il s'est chargé lui-même de nos douleurs. Il a été percé de playes pour nos iniquitez, il a été brisé pour nos crimes, nous avons été gueris par ses meurtrissures ; Dieu l'a chargé lui seul de l'iniquité de nous tous. Je l'ai frappé à cause des crimes de mon peuple.* Il faut donc que la haine de Dieu contre le peché soit bien grande, & tout-à-fait irréconciliable, puisqu'il n'a pas épargné son Fils unique, parce qu'il tenoit la place des pecheurs. Quelle reconnoissance & quel amour ne devez-vous pas à cette Humanité, qui, toute sainte qu'elle étoit, a porté la peine de votre peché, & a souffert pour vous une mort si cruelle ? Cette Humanité est donc le Bouclier qui vous met à couvert de la colere de Dieu ; comme dit le Prophete Roy au Pseaume 90. *Il vous mettra comme à l'ombre sous ses épaules, & vous espererez ainsi sous ses aîles. Pause.*

III. Vous vous regarderez vous-même comme une personne veritablement criminelle, & comme aiant autant de fois merité la mort, que vous avez commis de pechez. De quelle frayeur ne devez-vous pas être saisi, en vous representant ce Dieu si grand & si saint que vous avez tant de fois offensé, & qui doit être votre Juge ? Vous avez lieu de trembler devant sa Justice, tant que vous ne regarderez que vos ingratitudes & vos infidelitez, qui ont si fort irrité ce Dieu, qui est en même tems votre Partie & votre Juge : mais en jettant les yeux sur l'Humanité de Jesus-Christ, qui pour l'amour de vous a porté toutes les rigueurs, & ressenti tous les coups de cette Justice divine si opposée à votre peché, vous concevrez humblement l'esperance de fléchir cette Justice. Vous vous joindrez à Jesus-Christ souffrant & mourant pour vous ;

& en l'honneur & l'union de sa mort, vous accepterez aussi la mort quand il luy plaira de vous l'envoyer. *Pause.*

IV. La terre & le monde, où Dieu vous a laissé jusqu'à cette heure, étant encore sous la domination du démon, (car Jesus-Christ l'appelle le Prince du monde,) & le peché y regnant de plus en plus, vous ne devez pas avoir regret de le quitter quand il plaira à Dieu de l'ordonner : cependant vous porterez toutes les adversitez & les souffrances qui vous arriveront, comme des effets de la Justice de ce même Dieu, & vous lui direz avec St. Augustin : Frappez, Seigneur, brulez, coupez, & affligez mon corps ici-bas, pourvû que vous me pardonniez en l'Eternité. Oui, mon Sauveur, j'accepte la mort, & je consens de tout mon cœur à finir ma vie, afin de finir & de faire cesser mes pechez : mais faites-moi la grace de détruire entierement mon peché avant que de détruire ma vie ; afin que je paroisse à votre Jugement sans aucun peché, & revêtu de l'innocence que vous m'avez meritée par votre Sang. *Pause.*

V. Vous considererez la vie de l'éternité, comme le lieu où la Justice Divine distribue les châtimens & les récompenses; & vous mediterez sur la grande difference qui sera entre l'éternité bienheureuse, qui est la récompense des Justes, & l'éternité malheureuse, qui est le châtiment des réprouvez. Vous écouterez le Prophete Roi qui vous assure, que la mort des Justes est precieuse devant les yeux de Dieu, & qui appelle très-méchante la mort des pecheurs. Vous peserez de quelle importance est ce moment de la mort, puisqu'il decide de ces deux éternitez si opposées. O mon divin Sauveur! rendez-nous dignes de l'éternité bienheureuse par les merites de votre mort; & preservez-nous de l'éternité malheureuse, en nous donnant une vie penitente, qui soit suivie d'une mort sainte & favorable. *Pause.*

PRIERE.

LA resolution que je forme en ce jour avec le secours de votre grace, ô mon Dieu, est de porter avec patience & avec joye toutes les afflictions, les infirmitez & les douleurs de cette vie, comme des effets de votre Justice, qui en détruisant mon peché par la penitence, purifie mon ame, ainsi que l'or est purifié par le feu ; & dès à present j'accepte les souffrances & la mort. Mais en adorant ce Jugement que vous ferez alors de moy, je vous supplie par Jesus-Christ votre Fils, qu'il me soit favorable. Ainsi soit-il.

POUR LE MARDI.

APrès vous être preparé par la priere, & mis en la presence de Dieu,

I. Vous adorerez la misericorde de Dieu, qui vous tend les bras, & qui vous ouvre le sein & le cœur de Dieu : vous la remercierez de ce qu'elle vous traite favorablement, lors même qu'elle semble vous punir, puisque la mort à laquelle vous étes assujetti, n'est pas seulement un effet de la Justice punissante, mais qu'elle peut être considerée comme l'effet d'une misericorde bienfaisante, selon le sentiment des Saints Peres : car premierement, cette vie n'étant remplie que de miseres, d'afflictions & d'infirmitez ; si la mort ne devoit point les finir, nos miseres ne seroient qu'augmenter, & seroient éternelles. C'est donc une grace de Dieu, & l'effet de sa misericorde, quand par une bonne mort il termine nos calamitez.

Secondement, cette vie étant pleine de pieges, de tentations, & de si frequentes & si dangereuses occasions de peché, il n'y a pas un moment de cette vie qui ne puisse être un moment de peché; & par ignorance, par fragilité, ou par malice, nous pechons presque continuellement. C'est donc une grande misericorde, quand Dieu, par le moien d'une sainte mort, arrête & termine le cours du peché, & quand le peché trouve sa fin, comme dit un Prophete.

En troisieme lieu, c'est une grande misericorde, que la mort, en finissant notre vie temporelle, nous serve de passage à l'Erernité, où nous ne pouvons maintenant arriver que par le chemin de la mort. O grand Dieu! persuadez-nous fortement, & rendez ces veritez toûjours presentes à notre esprit par une vive Foi, qui nous fasse estimer precieuse & souhaitable une telle mort. Et puis que la mort qui devoit être notre ſupplice, ſe trouve changée en une ſource de bonheur ; invoquons la Miſericorde divine, qu'elle efface ſi bien notre peché durant notre vie, que la bonne mort qui la terminera, nous introduiſe dans la bienheureuſe Eternité. *Pauſe.*

II. C'eſt par l'Humanité ſainte de Jeſus-Chriſt, que la grande Miſericorde de Dieu s'eſt fait ſentir en nous ; c'eſt elle qui nous en applique les effets & les merites. Vous devez donc être extrêmement reconnoiſſant envers cette divine Humanité ; la reſpecter avec une ſincere devotion ; vous unir & vous attacher à elle par un amour ardent, & par toutes les forces que la divine Charité peut donner à votre cœur. Mais il faut, ô adorable Miſericorde de mon Dieu, il faut que cette devotion, cet amour, & cette charité ſoit un effet de cette même Miſericorde, ſans laquelle nous ne pouvons rien. *Pauſe.*

III. Dans l'humble confiance où vous êtes que ſa Miſericorde s'exerce ſur les ſujets les plus miſerables ; & vous trouvant chargé de miſeres, non ſeulement corporelles, mais encore ſpirituelles, (& celles-là ſont beaucoup plus deplorables que les autres,) vous vous presenterez devant le Trône de cette divine Misericorde, couvert de plaies du corps & de l'ame. Vous paroîtrez en sa presence avec une grande confusion, & plus encore avec une sensible amertume de cœur, d'avoir durant tout le cours de votre vie, si souvent abusé des bienfaits & des faveurs de cette même Misericorde, dont par vos infidelitez vous avez rendu les graces inutiles. Vous tacherez d'obtenir les secours & les dispositions necessaires, pour exciter la compassion de Jesus-Christ, votre adorable Medecin, & le prierez de vous guerir, puisqu'il assure lui-même qu'il est venu chercher les malades & les pecheurs. *Pause.*

IV. Pendant que Dieu permettra que vous restiez en cette vie languissante & mortelle, vous aurez soin de recourir continuellement à cette Misericorde, afin qu'elle previenne & accompagne toutes vos actions, & qu'elle empêche que vous ne multipliez vos infirmitez & vos plaies spirituelles, par de malheureuses rechutes; qu'elle vous fasse expier & reparer toutes vos fautes passées, par une veritable & solide penitence, qui eſt le vrai & l'unique remede qui vous reſte, & que cette divine Miſericorde vous ordonne, vous prepare, & vous communiquera. *Pauſe.*

V. Vous contemplerez par la Foi la Jeruſalem Celeſte, & l'Eternité bienheureuſe où les miſeres ni du corps ni de l'ame ne peuvent jamais entrer, parce que c'eſt le lieu du repos, de la paix, de la joie & de la felicité incomprehenſible & éternelle, & le couronnement & la perfection conſommée de tous les autres effets de la Divine Miſericorde. S. Paul vous aſſure que la vie eternelle eſt une grace & un don de Dieu en Jeſus-Chriſt. Suppliez donc cette aimable Miſericorde de vous y conduire par une ſainte vie, qui ne manquera jamais d'être ſuivie d'une ſainte mort : diſpoſez-vous inceſſanment à l'une & à l'autre, afin que votre mort, quand il lui plaira qu'elle arrive, ſoit le commencement de la gloire & de la felicité celeſte, pour l'adorer, l'aimer, la loüer, & la remercier à jamais. *Pauſe.*

PRIERE.

QUe le fardeau de mes miſeres eſt grand, ô mon Dieu ! mais puiſque ce ſont mes pechez qui me les ont procurées, je veux, tant que je vivrai, en ſentir & porter le poids avec humilité. Je ne ceſſerai point cependant d'invoquer votre divine Miſericorde, de laquelle j'attens tout mon ſecours avec patience, & avec eſperance. J'accepte dès à preſent toutes les douleurs, qui me ſurviendront, auſſi-bien que la mort, comme un effet de cette Miſericorde, puiſque ma mort finira mes miſeres & mes pechez, & qu'elle m'introduira dans le ſein de Dieu. Ainſi ſoit-il.

POUR LE MERCREDI.

APrès vous être preparé par la priere, & vous être mis en la preſence de Dieu,

I. Vous adorerez la Souveraineté & l'Autorité toute-puiſſante de Dieu, qui étant le Créateur & le conſervateur de votre être & de votre vie, auſſi-bien que de tout l'Univers, vous peut non ſeulement faire mourir, mais encore vous anéantir, quand il lui plaira. Vous vous ſoûmettrez à cette puiſſance ſouveraine ſans murmurer; cette ſoumiſſion

& dépendance volontaire étant la veritable adoration que nous devons à Dieu. Vous direz avec le Prophete Roi : Quoi, mon ame, ne veux-tu pas être soumise à Dieu ? Et quand il te condamne si justement à la mort, veux-tu lui resister, par une attache au monde & à la vie presente ? Non, mon Dieu, & mon souverain Seigneur. J'accepterai quand il vous plaira cette mort, au tems & en la maniere que vous l'ordonnerez, avec tout le respect, la soumission, & l'amour que je vous doit. *Pause.*

II. Jesus-Christ ayant toujours été parfaitement soumis à son Pere, & obéïssant jusqu'à la mort, & à la mort de la Croix, comme dit St. Paul ; vous l'adorerez, vous l'imiterez par une disposition semblable, que vous le supplierez de vous donner. *Pause.*

III. Vous aurez un extrême regret, & une profonde confusion de toutes les resistances, de tous les murmures, & des desobéïssances, qui vous ont empêché de vous soumettre à la Souveraineté de Dieu, en diverses occasions qui choquoient votre amour propre ; vous desirerez que Dieu fasse en vous sa sainte volonté ; qu'il soit votre Souverain & votre Roi. Ne dites pas, comme les Impies : *Nous ne voulons pas qu'il regne ſur nous* ; mais plûtôt dites-lui à tous momens : *Que votre regne arrive.* Priez-le de regner dès à preſent en vous, par une charité dominante ; & formez le deſſein de vivre & de mourir par obéïſſance à ſa Souveraineté qui l'ordonne ainſi, & comme l'eſclave de ce Roi des Rois. *Pauſe.*

IV. Pendant le cours de la vie preſente, vous avez ſouvent abuſé de la liberté que Dieu vous a donnée, en vous oppoſant à ſa volonté, qui devoit être la regle de la vôtre. Toutes les autres créatures de l'Univers obéïſſent à Dieu ſans reſiſtance ; il n'y a que les démons & les réprouvez dans l'Enfer, leſquels ne lui obéïſſent que par force, & l'homme vivant encore ſur la terre, qui ſoient capables de lui reſiſter. Humilions-nous profondement, & gemiſſons de ce que nous avons cette malheureuſe conformité avec les démons. Il y a néanmoins cette difference, que les démons ſont inflexiblement obſtinez dans le mal ; au lieu que l'homme ici-bas eſt encore capable de changement : la grace & la penitence peuvent le rétablir

tablir dans l'innocence, & dans l'obeïſſance qu'il doit à Dieu. Supplions-le de nous preſerver de l'endurciſſement, & de vaincre par ſa grace toutes nos reſiſtances, pour nous rendre obeïſſans & ſoumis à ſes adorables volontez. *Pauſe.*

V. Puiſque le Roiaume de Dieu ne ſera parfaitement établi que dans le Ciel, où rien ne lui reſiſtera, où il ſera tout en toutes choſes, vous devez ſouhaiter d'y arriver, y porter toutes vos prétentions & vos deſirs, & ſoupirer inceſſamment après ce bonheur. Repetez ſouvent cette priere: *Fiat voluntas tua, ſicut in Cœlo & in Terra*; & demandez-lui, que ſa volonté s'accompliſſe en vous, & par vous ſur la terre, comme elle eſt accomplie par les Bienheureux dans le Ciel; puiſque Dieu non ſeulement y regne; mais qu'il fait encore regner avec lui tous les Saints. Priez le Sauveur Jeſus qu'il ſoit votre Roi & votre Souverain dans le tems & dans l'éternité. *Pauſe.*

PRIERE.

LE plus grand témoignage de ſoumiſſion & d'obeïſſance que je puis vous rendre, ô mon Dieu, eſt d'accepter les douleurs, les souffrances & la mort, à l'exemple de Jesus-Christ votre Fils : mais je ne le puis sans votre divin secours. Changez donc tellement mon cœur, qu'il ne soit plus rebelle à votre souveraine Volonté ; & mettez-moi dès à present dans la disposition où vous voulez que je sois à la fin de ma vie. Ainsi soit-il.

POUR LE JEUDI.

APrès vous être preparé par la priere, & vous être mis en la presence de Dieu,

I. Vous adorerez la Sainteté de Dieu, laquelle est sans cesse adorée & loüée par les Bienheureux dans le Ciel, qui chantent continuellement ce Cantique: *Saint, Saint, Saint, le Seigneur des Armées.* Cette Sainteté est la plus propre & la plus digne residence de Dieu, qui, selon le Prophete, habite dans la Sainteté. Cette Sainteté le renferme tout en lui-même, & le separe de tout ce qui n'est pas Dieu : Toute autre chose est indigne de paroître devant lui. Les Cieux, quelque parfaits qu'ils semblent être à notre égard, & en eux-mêmes, comme étant le propre ouvrage de Dieu, ne sont pas purs devant lui, & ils sont très-imparfaits à l'égard de l'Etre suprême, & de la perfection souveraine du Créateur. Les Anges mêmes, qui sont demeurez dans la justice, ne sont ni purs ni parfaits, si on les compare à la pureté souverainement parfaite du Dieu des Anges. C'est cette disproportion infinie entre le Créateur & la créature, qui a porté les plus grands Saints durant cette vie à s'aneantir profondement devant Dieu, en la presence duquel toute vertu, toute bonté, & toute sainteté disparoissent. La Sainteté de Dieu est un abîme impenetrable, devant lequel il faut s'anéantir. Il le déclare lui-même, dans l'Exode, que l'homme n'a pû le voir sans mourir. Le Sage nous assure, que celui qui voudra envisager cette Sainteté si majestueuse, sera accablé par l'excès de sa gloire; ce qui nous fait comprendre qu'on ne peut dignement adorer la Sainteté de Dieu, que par le sacrifice que nous devons lui faire de notre propre vie. Aussi foibles, aussi imparfaits & miserables que nous le ſommes, nous ne meritons pas de paroître ni de ſubſiſter devant la Sainteté de ce Dieu, dont les regards ſont ſi purs, qu'ils ne peuvent ſouffrir notre corruption. La mort eſt un ſacrifice que nous devons offrir à cette Sainteté; afin que cette mort, en détruiſant tout ce qui nous reſte du vieil homme, nous diſpoſe pour entrer dans la Sainteté de Dieu, & que nous ſoyons comme une victime immolée à ſa gloire. O Sainteté de Dieu, ſanctifiez-nous, & faites-nous accepter la mort à cette intention. *Pauſe.*

II. Jeſus-Chriſt a communiqué à ſon Humanité très-pure, une Sainteté divine; & c'eſt par lui que nous devenons ſaints, par l'infuſion de ſon Eſprit ſanctifiant, & par la communication de ſa chair divinifiée. C'eſt particulierement dans l'Euchariſtie, qu'il devient notre Sanctificateur, parce qu'il eſt le Saint des Saints. Et il dit lui-même, qu'il ſe ſanctifié pour nous, afin que nous ſoyons ſanctifiez comme lui. Dans l'Euchariſtie, il eſt en un état de mort & de victime pour nous ſanctifier, & ceux qui reçoivent cette chair crucifiée & crucifiante, ne doivent plus apprehender ni la croix ni la mort, puiſque ce ſont les inſtrumens de notre ſanctification. O Jeſus ! le Saint des Saints, imprimez dans nos cœurs votre Sainteté, en y gravant la memoire & les effets de votre mort, & nous faiſant accepter pour l'amour de vous notre propre mort, au tems où il vous plaira de nous l'envoyer. *Pauſe.*

III. Tremblez en conſiderant combien vous étes éloigné de la Sainteté où vous étes appellé par votre Baptême, comme Chrétien : mais ſoyez encore plus confus & plus effrayé, quand vous conſidererez combien vous étes opposé à la Sainteté de Dieu par vos pechez, que ſes regards ſi purs & ſi ſaints ne peuvent ſouffrir. Comment la Sainteté de Dieu ſouffriroit-elle en vous une infinité de pechez veritables dans leſquels vous tombez ſi ſouvent, puiſqu'elle n'a pû ſouffrir, & qu'elle a ſi rigoureuſement puni en la perſonne de ſon Fils unique & bien-aimé, non pas des pechez qui lui fuſſent propres, car il n'étoit ſuſceptible d'aucun peché, mais ſeulement l'ombre & l'apparence de nos pechez, dont par un excès de miſericorde il a bien voulu ſe charger pour en porter la peine, & satisfaire pour nous à la Justice de son Pere, & par là nous délivrer de la mort éternelle. Mais c'est à condition de vous conformer à Jesus-Christ, de porter sa croix, de souffrir & de mourir comme lui. Acceptez donc de bon cœur les souffrances & la mort; mais suppliez-le de vous purifier & de vous santifier pendant la vie qui vous reste; afin que la mort vous trouve dans la pureté & dans la Sainteté où vous devez être pour paroître devant lui, & pour recevoir un jugement favorable. *Pause.*

IV. Aiant deja reconnu, les jours precedens, que le Monde est l'empire du démon qui en est le Prince; & que le peché y regne de toutes parts, vous vous regarderez ici-bas, pendant le cours de cette vie, comme engagé parmi les ennemis de votre salut, toûjours exposé à diverses tentations, & à une infinité de perils qui vous obligent à vous tenir continuellement sur vos gardes. Vous considerez comme à tous momens les ennemis de votre salut vous y tendent des pieges, & vous presentent des obstacles pour vous empêcher de parvenir à la sainteté que Dieu demande de vous dans l'état où il vous fait la grace de vous appeller. Vous devez donc prendre pour vous cette parole de Jesus-Christ, si souvent repetée dans l'Evangile : *veillez, & priez afin que vous n'entriez point en tentation*; & faire, par le secours de sa grace, des efforts continuels pour vous corriger de vos défauts, pour vous avancer dans la voie du salut, pour acquerir de nouveaux degrez de sainteté, & pour vous tenir toujours prêt, afin de n'être point surpris à la mort. *Pause.*

V. Contemplez, admirez, & benissez la pureté & la sainteté qui regne dans le Ciel, où elle se trouve parfaite & consommée, sans être sujette à aucun changement. Soupirez après ce bonheur, & dites avec le Prophete Roi : *Seigneur, que vos Tabernacles sont aimables ! Mon ame desire ardemment d'être dans la Maison du Seigneur, & elle est presque dans la défaillance par l'ardeur de ce desir*. Mais avant l'accomplissement de ce desir, il faut necessairement passer par le chemin des souffrances & de la mort, à l'exemple de Jesus-Christ, qui a dû souffrir & mourir avant que d'entrer dans la gloire. Dites donc encore avec l'Apôtre : *Qui me delivrera de ce corps de mort ?* Ce sera votre grace, ô mon Sauveur ! qui fera cesser le regne de la tentation & du peché, & qui perfectionnera ma sainteté. *Pause*.

PRIERE.

L'Esprit de componction & de penitence, ô mon Dieu, est le seul remede capable de me purifier en détruisant mes pechez, & m'appliquant le Sang de Jesus-Christ, dans lequel mon ame doit être lavée. Donnez-le-moi cet esprit, ô mon Dieu, & faites croître ma sainteté, sans laquelle je ne puis vous plaire, ni éviter les rechutes dans mes défauts. Ainsi soit-il.

POUR LE VENDREDI.

APrés vous être preparé par la priere, & vous être mis en la presence de Dieu,

I. Adorez & reconnoissez l'excès de la charité & de l'amour de Dieu envers les hommes, & particulierement envers vous. Vous avez eu, & vous avez encore tous les jours des preuves & des marques ſenſibles de cet amour, par tant de faveurs, de bienfaits & de graces que vous en avez reçues. Rappellez-les en votre eſprit pour l'en remercier, & pour exciter de l'amour en vous, puiſque l'amour ne ſe paie que par l'amour. *Pauſe.*

II. Vous conſidererez Jeſus-Chriſt comme le bien-aimé de ſon Pere, & auſſi comme celui qui a ſeul dignement & parfaitement aimé ſon Pere. Vous le regarderez comme celui qui nous a merité & procuré l'amour que Dieu a pour nous, en nous reconciliant & faiſant notre paix avec lui. Enfin, vous le conſidererez comme celui qui ſeul nous peut inſpirer l'amour de Dieu par l'infuſion & la communication de ſon St. Eſprit, & qui nous donne en ſa mort le plus grand temoignage de ſon amour, tant par l'inſtitution de la divine Euchariſtie, que par le ſacrifice qu'il fait de ſa propre vie ſur la croix pour l'amour de nous. N'eſt-il pas juſte que vous acceptiez pareillement la mort, pour ſon amour, quand il ordonnera ? Dites-lui donc : Oui, mon Sauveur, dès ce moment je vous en fais un ſacrifice tres entier. *Pauſe.*

III. A l'égard de vous-même, vous ſerez tres-perſuadé que chaque peché que vous avez commis, a eloigné de vous, ou pour le moins diminué les effets de l'amour de Dieu, & vous en a rendu tres-indigne, vous faiſant devenir l'objet de ſa colere, à proportion de la grandeur de vos fautes. Pareillement, chaque peché a contribué à éteindre, ou à affoiblir dans votre cœur l'amour que vous devez à Dieu. Mais cet amour de Dieu que vous perdez par votre faute, vous ne ſauriez vous le donner à vous-même, ni le former & le faire naître par vos propres forces dans votre ame ; c'eſt un don que Dieu fait par ſa pure miſericorde, à qui il lui plaît. Vous devez donc haïr infiniment le peché, comme le deſtructeur de l'amour de Dieu, & vous devez être bien-aiſe que la mort detruiſe & finiſſe votre peché, afin que vous puiſſiez aimer Dieu éternellement. *Pauſe.*

IV. Saint Jean dans ſon Evangile nous declare pluſieurs fois que *le monde eſt plein de haine contre Dieu*, *& contre* Jeſus-Chriſt *ſon Fils* ; & dans ſa premiere Epitre, *Que la charité de Dieu n'eſt point dans ceux qui aiment le monde.* Il declare,

Que le monde ne peut pas recevoir le Saint Esprit, qui eſt l'Eſprit d'amour & de charité. Comment donc pouvez-vous aimer le monde que Dieu n'aime point, & qui ne peut aimer Dieu? *Pauſe.*

V. C'eſt dans le Ciel où l'amour de Dieu ſe declare, ſe maniſfte & ſe communique plus abondanment ſur les Bienheureux ; & où les Saints aiment Dieu plus parfaitement, par un amour qui n'eſt jamais interrompu, & qui ſera ardent & perſeverant dans toute l'éternité. O! que cet état eſt aimable, & qu'il eſt à ſouhaiter! Aprés tant d'autres temoignages de l'amour de Dieu pour vous, priez-le qu'il vous donne encore celui-ci, qui ſera la conſommation & le couronnement de tous les autres; & qu'il vous mette en état de pouvoir l'aimer éternellement dans la ſocieté des Bien-heureux. Demandez-lui que l'amour de la vie preſente ne vous attache point à la terre, & que vous n'aiez point de regret de la quitter, pour aller joüir de lui dans ſon Roiaume, dont la ſouveraine loi & l'unique occupation eſt de l'aimer, & dont la durée eſt eternelle. *Pauſe.*

PRIERE.

A Quoi dois-je emploier tous les momens de ma vie, & toutes les puiſſances de mon cœur, ſinon à vous aimer des maintenant, ô mon Dieu, & à détruire en moi mon amour propre & celui des créatures, pour faire place à votre amour. Je ne veux deſormais rien faire que pour vous témoigner que je vous aime. Et parce que l'amour dont nous ſommes capables en cette vie, eſt tres-imparfait; je ſouhaite de vous aller aimer en l'autre vie dans l'éternité, avec tous les Saints. Oui, mon Sauveur & mon Dieu, puiſque vous me dites que le plus grand témoignage d'amour qu'on puiſſe rendre à ſon ami, eſt de donner ſa vie pour lui, je veux donner la mienne pour vous, & j'accepte la mort de tout mon cœur, pour vous témoigner mon amour. Ainſi ſoit-il.

POUR LE SAMEDI.

APrès vous être preparé par la priere, & vous être mis en la preſence de Dieu,

I. Vous adorerez la Bonté de Dieu, que St. Paul appelle la longanimité & la patience de Dieu ; parce que cette bonté fait qu'il nous souffre & nous tolere si long-temps, & qu'il nous attend avec tant de patience, quoi que nous l'aions offensé & irrité tant de fois ; au lieu que selon son premier Arrêt, il devroit nous punir, & nous faire mourir au moment de notre peché. O ! que nous avons de grandes obligations à cette patience de Dieu ! Où en serions-nous, s'il nous eût fait mourir au même instant que nous avons commis le premier peché ? Remerciez-le d'avoir differé votre mort, pour vous donner le tems de vous convertir & de faire penitence. *Pause.*

II. C'est pour l'amour de Jesus-Christ que Dieu nous a attendu avec tant de patience ; & nous sommes ingrats envers Dieu, & envers l'Humanité sainte de Jesus-Christ, quand nous ne faisons pas un bon usage du tems que Dieu nous donne, & que Jesus-Christ nous a merité. C'est à ce même Sauveur qu'il faut demander la grace d'en bien user, avant que la mort nous surprenne, afin qu'elle nous trouve tout preparez. *Pause.*

III. Vous vous souviendrez de ce que dit St. Paul en écrivant aux Romains, & vous vous appliquerez ces paroles comme s'il parloit à vous-même : *Est-ce que vous méprisez les richesses de sa bonté, de sa patience, & de sa longue tolerance ? Ignorez-vous que la bonté de Dieu vous invite à la penitence ? Et cependant, par votre dureté, & par l'impenitence de votre cœur, vous vous amassez un tresor de colere pour le jour du jugement de Dieu.* Dieu nous attend, parce qu'il est bon, patient & éternel : mais si nous abusons de sa bonté, il nous punira, parce qu'il est saint & juste. Celui qui ferme l'oreille à la voix de la misericorde durant la vie, sera obligé de soutenir à la mort la colere de sa misericorde meprisée, & de sa Justice irritée. Dites-lui donc : Ah, Seigneur ! preservez-moi de ce malheur : Je vous rends grace de votre patience ; & sachant que si j'en abusois, elle se changeroit en fureur, je veux de tout mon cœur, & par votre grace, profiter du tems que vous me donnez en cette vie, en attendant que vous me la fassiez finir par une bonne mort. *Pause.*

IV. C'est durant le cours de cette vie, & pendant que nous sommes sur la terre, que Dieu exerce envers nous sa patience, & cette bonté avec laquelle il nous attend & nous tolere. C'est maintenant le regne de la misericorde, & le tems auquel la penitence peut être utile & salutaire. Ce tems étant loin sans que nous en aions profité, la mort fermera aux ingrats & aux impenitens la voie de la misericorde & du salut, & les exposera aux rigueurs de la Justice vengeresse. Il ne leur restera que des repentirs inutiles, des regrets, & des remords accompagnez de desespoir. Servons-nous donc utilement de la patience de Dieu, invoquons sa misericorde, embrassons la penitence, & perseverons-y, afin qu'une mort heureuse nous trouve en cet état. *Pause.*

V. Cette bonté de Dieu qui nous attend & nous souffre sur la terre avec tant de patience, nous doit enfin couronner dans le Ciel, & consommer toutes ses faveurs & ses bienfaits en nous remplissant de son essence, de sa joie, de sa gloire, & de sa felicité même, qui fera le comble de son infinie bonté: mais il faut auparavant que tout ce qu'il y a de mortel, de perissable, d'infirme, & d'imparfait en nous, soit ici-bas consommé & detruit, & ce sera l'ouvrage & l'effet d'une bonne mort. *Pause.*

PRIERE.

VOus m'attendez, ô mon Dieu, & votre divine patience veut bien encore s'exercer sur moi. Dois-je perdre un moment de vûë cette bonté, & abuser d'une si grande grace? Non mon Dieu. Je veux continuellement m'en souvenir, & vous prier d'avancer & d'achever en moi l'ouvrage de ma conversion, & de me donner une bonne & sainte mort. Et comme il n'y a point de meilleur remede & de plus assurée preparation à cette bonne mort, qu'une bonne & sainte vie, ne cessez point, ô mon Dieu, de me soutenir par votre secours dans cette vie, pour me couronner de votre gloire dans l'autre. Ainsi soit-il.

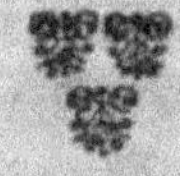

PRIERE

Servant de preparation à la Mort, & qu'un Chrétien doit dire chaque jour.

J'Accepte la mort, dont chaque jour je suis menacé, ô mon Dieu, comme un hommage & comme une adoration que je veux rendre à votre Souveraineté, à votre Immortalité, & à votre Impassibilité. Je la reçois comme un effet de votre justice sur moi qui n'ai aucun droit à la vie que par les merites de Jesus-Christ votre Fils & mon Sauveur. Je l'accepte encore plus volontiers par amour, par imitation & par honneur à la Mort de votre Fils bien-aimé, qui a daigné mourir, par un pur motif de misericorde & de charité envers les hommes. Enfin je l'embrasse comme une voie par vous établie pour arriver au Ciel, & pour m'unir à vous. Que mon corps soit caché sous la terre, & foulé aux pieds, en punition de mon orgueil; qu'il soit la pâture des vers, & qu'il retourne en poudre, pour avoir trop aimé ses aises. Il est juste qu'il soit privé de l'usage de tous ses sens, puisqu'il s'en est servi pour vous offenser;

qu'il ſoit privé de tous ſes biens, pour punir l'attache qu'il y a eu, & l'abus qu'il en a fait. Enfin je ſouhaite d'être mis en oubli, pour vous avoir ſi long-tems oublié pendant ma vie. Faites, ô mon Dieu, par votre grace, que je meure de la mort de vos Elus. Appellez-moi dans le tems & dans l'état où je vous ſerai le plus agreable; afin que lors qu'on portera mon corps à la ſepulture, les Anges portent mon ame au Ciel. Ainſi ſoit-il.

ORAISON,

A tous les Saints, pour obtenir une bonne Mort.

O Saints & Saintes de Dieu qui avez paſſé par les dangers de la mer de ce monde, & qui par la grace de Notre Sauveur avez merité d'arriver au port du bonheur éternel, je vous prie par la charité dont vous étes embraſez, de vous interreſſer pour nous, afin que nous aïons la grace de bien mourir. Vous étes preſentement en ſureté, pendant que nous ſommes encore dans l'incertitude. Vous avez remporté une couronne de gloire qui ne ſe flétrira jamais au lieu que pour l'obtenir, nous avons encore des ennemis à combattre & à vaincre. Joignez donc, s'il vous plaît, vos prieres aux nôtres auprès de celui qui vous a choisis selon son bon plaisir, qui vous a sanctifiez par son esprit, & qui vous a glorifiez par sa grace, afin qu'après vous avoir imité sur la terre par la pratique d'une vie Chrétienne & conforme à l'Evangile, nous puissions obtenir une bonne mort pour être comme Vous revetus de la bienheureuse éternité & rassasiez de la gloire éternelle par les merites de N. S. Jesus-Christ.

ORAISON,

En memoire du jour auquel vous êtes venu au monde, ou que l'on vous a batisé, soit que ce soit la Fête d'un Mystere, ou celle d'un Saint.

FAites s'il vous plaît, Seigneur, que me souvenant de l'état de peché dans lequel je suis né, & de la grace que vous m'avez faite de m'en tirer par le batême, au même jour que vous apeliez à la gloire plusieurs de vos Saints auxquels vous avez apliqué pour toûjours le fruit des Mysteres de Jesus-Christ, je n'oublie jamais que je ne ſuis de moi-même, que menſonge & que peché, & que ce n'eſt que par cette même grace toute-puiſſante dont vous m'avez prevenu, que je puis avoir le bonheur de bien mourir pour arriver enſuite à la gloire que vous avez promiſe à vos enfans. Par le même Jeſus-Chriſt votre Fils Notre-Seigneur, qui vivez &c.

ORAISON,

Pour dire chaque jour auquel on fait la Fête d'un Myſtere ou de quelque Saint.

O Dieu, qui avec conſacré ce jour par quelqu'action particuliere, de la vie mortelle ou glorieuſe de Jeſus-Chriſt votre Fils Notre-Seigneur, & qui avez fait part à ceux de vos Saints qui ſont honorez en ce jour de la grace qu'il nous a meritée, faites s'il vous plaît qu'à leur exemple, nous mettions toute notre confiance dans ſes merites & que nous n'attendions du ſecours que de vous. Par le même Jeſus-Chriſt, Notre-Seigneur qui étant Dieu vit & regne avec le Pere, dans l'unité du même St. Eſprit, pendant tous les ſiecles des ſiecles. Ainſi ſoit-il.

ORAISON,

Pour se rapeler le jour du Mystere ou de la Fête que l'on doit mourir.

O Dieu, qui devez un jour m'apeler à vous comme tous ceux qui m'ont precedé dans cette vie mortelle, sans que j'en sache ni l'heure ni le moment, accordez moi s'il vous plaît la grace de faire une veritable & sincere penitence de tous mes pechez, afin que marchant dans une nouvelle vie & que perseverant jusqu'à la fin dans les bonnes œuvres, le jour de ma mort soit celui de ma naissance éternelle à la gloire dont joüissent tous les Saints & en particulier ceux qui sont morts au jour que je mourrai moi-même pour ne plus vivre qu'en vous. Par Jesus-Christ votre Fils Notre-Seigneur, &c.

SENTIMENS D'UNE AME

touchée du desir de mourir, pour voir & posseder Dieu, tirez de l'Ecriture.

QUe vos Tabernacles sont aimables, ô Dieu des vertus! mon ame brûle d'une sainte ardeur, & languit dans l'impatience qu'elle a d'entrer dans la maiſon du Seigneur : mon corps en celà de concert avec mon ame, ſoupire après vous. Non, Seigneur, le cerf alteré ne court point avec plus d'impetuoſité à une fontaine, que mon ame ſe porte vers vous ; car ſa ſoif n'égale point la mienne, qui ne ſera étanchée que quand je boirai dans cette ſource vive & inépuiſable, qui n'eſt autre que mon Dieu. Quand eſt-ce donc Seigneur, que vous m'appellerez à vous ? Quand eſt-ce que je verrai votre divine face ? Qu'heureux ſont ceux qui ont ce bonheur ! Qu'heureux ſont ceux qui habitent dans votre Maiſon, & dont l'unique occupation eſt de vous voir, de vous aimer & de vous louër pendant toute l'éternité ! Que les hommes enchantez des biens de la terre, appellent heureux ceux qui les poſſedent ; pour moi je ne reconnois point d'autre bonheur que celui de vous poſſeder ; j'avouë que quand je viens à penſer que j'en ſuis privé, je paſſe ma vie dans les pleurs, je trempe le pain que je mange, de mes larmes ; & je m'imagine que toutes les créatures me diſent chaque jour en m'inſultant : Où eſt donc votre Dieu, ce Dieu qui est l'unique objet de votre amour, & dont la possession doit faire tout votre bonheur? Où est-il? Et où étes-vous donc, Seigneur; pourquoi me cachez-vous votre face? Pourquoi me traitez-vous comme si j'étois votre ennemi? Pourquoi prolongez-vous si long-tems mon exil? Seigneur, vous voiez mes desirs, & les secrets gemissemens de mon cœur ne vous sont point cachez; pourquoi ne vous y rendez-vous point sensible? Jusques à quand me direz-vous toûjours: Attendez encore un peu, attendez encore un peu; & quel est l'objet de mes attentes, sinon vous? Oui, c'est vous, mon Sauveur, que nous attendons pour reformer notre corps vil & corruptible, pour le rendre conforme à votre Corps glorieux. Venez donc au plûtôt, Seigneur Jesus, venez; car je desire avec une ardeur extrême, d'être uni à vous. Je sçai qu'il faut pour cela que mon ame soit separée de mon corps, rompez donc les liens qui en forment l'union: je n'ai point d'attache à la vie, votre misericorde vaut mieux pour moi, que mille vies; & comme vous étes ma vie, la mort qui m'unira avec vous, sera pour moi un gain. Je ſçai qu'on ne peut vous voir ſans mourir, & que je meure donc pour vous voir, ou que je vous voie pour mourir. Dites à mon ame : Je ſuis ton ſalut ; que j'entende de vous ces paroles agreables de la vie éternelle : Entrez ſerviteur fidelle dans la joie de votre Seigneur. C'eſt-là que je boirai dans ce torrent de joie & de plaiſirs, qui inondera la Jeruſalem celeſte, & que je ſerai enïvré de ces ſaintes delices qu'on goûte, Seigneur, dans votre maiſon ; c'eſt-là qu'ètant transformé en vous, je deviendrai ſemblable à vous, & que vous me ſerez tout en toutes choſes.

PRIERE,

Pour demander à Dieu une bonne mort, tirée des paroles de Notre-Seigneur Jeſus-Chriſt mourant en Croix.

O Bon Jeſus ! qui pour mon ſalut avez bien voulu naître dans une étable, vivre dans les travaux, mourir ſur une Croix. Dites à votre Pere à l'inſtant de ma mort : *Mon Pere, pardonnez-lui.* Dites à votre Divine Mere en ma faveur : *Voila votre Fils.* Dites à mon ame : *Aujourd'hui vous ſerez avec moi en Paradis : Mon Dieu, mon Dieu, ne m'abandonnez pas : J'ai soif*, & une soif extrême de vous, ô mon Sauveur! qui étes la fontaine de vie ; mes jours s'écoulent insensiblement. *Tout est bientôt consommé pour moi :* c'est pourquoi, mon cher Redempteur, dès à present & pour toûjours, *Je remets mon ame entre vos mains.*

PRIERES DE L'EGLISE

POUR LES AGONISANS.

SEigneur, aiez pitié de nous.
Jesus-Christ, aiez pitié de nous.
Seigneur, aiez pitié de nous.
Sainte Marie, priez pour lui.
Saints Anges & Archanges, priez tous pour lui.
Saint Abel, priez.
Tout le chœur des Justes, priez.
Saint Abraham, priez.
Saint Jean Baptiste, priez.
Saints Patriarches & Prophetes, priez.
Saint Pierre, priez.
Saint Paul, priez.
Saint André, priez.

Saint Jean, priez.
Saints Apôtres & Evangelistes, priez.
Saints Disciples du Seigneur, priez.
Saints Innocens, priez.
Saint Etienne, priez.
Saint Laurent, priez.
Saints Martyrs, priez.
Saint Sylvestre, priez.
Saint Gregoire, priez.
Saint Augustin, priez.
Saints Pontifes & Confesseurs, priez.
Saint Benoît, priez.
Saint François, priez.
Saints Moines & Hermites, priez.
Sainte Marie Magdelaine, priez.
Sainte Lucie, priez.
Saintes Vierges & Veuves, priez.
Saints & Saintes de Dieu, intercedez pour lui.
O Dieu soiez-lui favorable, Seigneur pardonnez-lui.
O Dieu soiez-lui favorable, delivrez-le Seigneur.
De votre colere, delivrez-le Seigneur.
Des perils de la mort, delivrez-le Seigneur.
De la mauvaise mort, delivrez-le Seigneur.
Des peines de l'Enfer, delivrez-le Seigneur.

De toutes ſortes de maux, delivrez-le Seigneur,

De la puiſſance du Diable, delivrez-le Seigneur.

Par votre Nativité, delivrez-le Seigneur.

Par votre Croix & par votre Paſſion, delivrez-le Seigneur.

Par votre Mort & par votre Sepulture, delivrez-le Seigneur.

Par votre glorieuſe Reſurrection, delivrez--le Seigneur.

Par votre admirable Aſcenſion, delivrez-le Seigneur.

Par la grace du St. Eſprit conſolateur, delivrez-le Seigneur.

Au jour du Jugement, delivrez-le Seigneur.

Nous qui ſommes pecheurs, nous vous prions de nous écouter.

Nous vous prions de lui pardonner, écoutez-nous s'il vous plaît.

Seigneur, aiez pitié de nous.

Jeſus-Chriſt, aiez pitié de nous.

Seigneur, aiez pitié de nous.

ORAISON.

SOrtez de ce monde Ame Chrétienne, au nom de Dieu le Pere Toutpuiſſant, &c. *Voiez page* 74.

ORAISON.

DIeu misericordieux, Dieu infiniment doux, Dieu qui par la grandeur, &c. *Voiez page 75.*

ORAISON.

JE vous recommande, mon tres-cher Frere, à Dieu Tout-puissant, & vous remets entre les mains de celui qui vous a créé, afin qu'aiant paié le tribut à la mort, vous retourniez à votre principe, qui vous a formé du limon de la terre. Que la glorieuse troupe des Anges vienne au devant de votre ame, lors qu'elle sortira de son corps. Que le senat auguste des Apôtres, qui doivent juger le monde, prononce en sa faveur. Que la legion triomphante des Martyrs l'escorte & l'environne en son entrée dans le Ciel. Que l'illustre multitude des Saints Confesseurs l'accompagne en ce sacré triomphe. Que le chœur innocent des Vierges lui applaudisse par leurs cantiques d'alegresse, & que les Patriarches temoignant leur joie par leurs embrassemens, la reçoivent dans leur sein, pour y joüir avec eux d'un repos éternel. Que Jesus-Christ lui montre un visage plein de doucour & d'amour, & qu'il la mette au nombre des Saints, qui ont l'honneur de suivre l'Agneau par tout où il va; que Dieu ne lui fasse jamais connoître par experience, quelle est l'horreur des tenebres, l'ardeur des flâmes, & la rigueur des tourmens preparez aux ames reprouvées; que le demon, ce cruel ennemi des hommes, la voiant conduite & environnée des Anges, en abandonne la poursuite, & que tout fremissant de rage, il s'enfuie avec tous ses satelites, dans le cahos effroiable de la nuit éternelle. Que Dieu paroisse, & s'eleve, & que ses ennemis soient dissipez, & que ceux qui le haïssent, s'enfuient de devant sa face; que les méchans soient écartez par le souffle de l'Esprit du Seigneur, comme la fumée est chassée par le vent; qu'ils s'évanouissent devant lui, comme la cire fond devant le feu. Que les justes au contraire soient remplis de joie & transportez de ravissement en la presence du Seigneur. Que toutes les legions de l'enfer soient donc confonduës; qu'elles se retirent plaines de honte & de rage, & que les ministres de Satan n'osent & ne puissent mettre aucun obstacle au passage de ſon ame dans le Paradit. Que Jeſus-Chriſt qui a été crucifié pour elle, la delivre de toutes ſortes de tourmens. Que Jeſus-Chriſt, qui a bien voulu mourir pour ſon ſalut, la delivre de la mort, & de la damnation éternelle. Que Jeſus-Chriſt, Fils du Dieu vivant & immortel, lui donne une vie divine, & pleine d'une joie & d'une felicité qui ſoit ſans meſure, & ſans fin. Que ce veritable Paſteur des ames la reconnoiſſe pour une de ſes ouailles; qu'il la mette à ſa droite dans la troupe ſainte de ſes Elûs; & qu'il l'éleve dans ſon Paradis parmi les Bienheureux, pour y voir Dieu face à face, pour le benir & pour en jouïr éternellement.

ORAISON.

RECevez Seigneur, mon Dieu, votre ſerviteur dans ce lieu de ſalut & de felicité, que votre miſericorde lui donne ſujet d'eſperer.

Delivrez, Seigneur, l'ame de votre ſerviter de tous les perils & de tous les tourmens de l'enfer.

Delivrez, Seigneur, l'ame de votre ſerviteur, comme vous avez delivré Enoch & Elie de la mort commune de ous les hommes.

Delivrez, Seigneur l'ame de votre ſerviteur, comme vous avez delivré Noé du deluge.

Delivrez, Seigneur, l'ame de votre ſerviteur, comme vous avez delivré Abraham de la terre des Chaldéens.

Delivrez, Seigneur, l'ame de votre ſerviteur, comme vous avez delivré Job de ſes douleurs & de ſes ſouffrances.

Delivrez, Seigneur, l'ame de votre ſerviteur, comme vous avez delivré Iſaac des mains de ſon Pere Abraham, lors qu'il vous en vouloit faire un ſacrifice.

Delivrez, Seigneur, l'ame de votre ſerviteur, comme vous avez delivré Loth du feu qui conſuma la ville de Sodome.

Delivrez, Seigneur, l'ame de votre ſerviteur, comme vous avez delivré Moïſe de la puiſſance de Pharaon Roi d'Egypte.

Delivrez, Seigneur, l'ame de votre ſerviteur, comme vous avez delivré Daniel de la foſſe des Lions.

Delivrez, Seigneur, l'ame de votre ſerviteur, comme vous avez delivré les trois Enfans de la fournaiſe ardente & des mains cruelles d'un Roi impie.

Delivrez, Seigneur, l'ame de votre ſerviteur, comme vous avez delivré Suſanne de la peine & de l'infamie d'une fauſſe accuſation.

Delivrez, Seigneur, l'ame de votre ſerviteur, comme vous avez delivré ſaint Pierre & ſaint Paul de leur priſon.

Enfin Seigneur, comme vous avez fait la grace à la bienheureuſe Vierge & Martyre Sainte Tecle, de la delivrer de trois horribles tourmens; de même qu'il vous plaiſe delivrer l'ame de votre ſerviteur, & lui faire la grace de jouir avec vous de la poſſeſſion des biens celeſtes.

ORAISON.

SEigneur, nous vous recommandons l'ame de votre ſerviteur, N. & nous vous prions, Seigneur Jeſus Sauveur du monde, que vous ne refuſiez pas d'élever dans le Ciel, & de placer dans le ſein de vos Patriarches, l'ame de votre ſerviteur, pour laquelle votre bonté infinie vous a fait deſcendre ſur la terre dans le ſein d'une femme. Reconnoiſſez, mon Dieu, votre creature, qui n'a point été formée par des dieux étrangers, mais par vous qui étes le ſeul Dieu vivant & veritable; car nous ſavons qu'il n'y n'y a point d'autre Dieu que vous, & que rien n'est comparable à l'excellence de vos ouvrages. Seigneur, accordez à son ame l'honneur & la joie de votre presence; ne vous souvenez point de ses iniquitez passées, & de tant d'excès & d'égaremens, où la violence & l'emportement de ses passions l'ont malheureusement engagée : car encore qu'elle se soit corrompuë à l'égard des mœurs, elle a neanmoins toûjours conservé la pureté de la Foi, elle a cru les mysteres de la Religion, elle n'a point manqué de zele pour Dieu, & pour l'Eglise, & elle a fidelement adoré le Seigneur, qui est l'auteur de toutes choses.

ORAISON.

NOus vous prions, Seigneur, d'oublier les ignorances & les pechez de sa jeunesse & de vous souvenir de lui selon votre grande misericorde; & parmi les richesses de votre gloire souvenez-vous de sa foiblesse, & aiez pitié de sa pauvreté. Que les Cieux s'ouvrent pour la recevoir; que vos Anges se rejouissent de son bonheur.

Seigneur, recevez votre serviteur dans votre Roiaume : que l'Archange de

Dieu St. Michel qui a merité d'être le Prince de la milice celeſte, prenne ſon ame en ſa protection : que les ſaints Anges viennent au-devant d'elle, & la conduiſent dans la Sainte Cité de Jeruſalem : que la porte du Roiaume des Cieux lui ſoit ouverte par le bienheureux Apôtre ſaint Pierre, à qui Dieu en a confié les clefs : que l'Apôtre ſaint Paul, qui a été digne d'être un Vaſe d'élection, lui aide à entrer dans le Ciel : qu'elle reſſente les effets d'une interceſſion auſſi puiſſante qu'eſt celle du Diſciple bien-aimé, auquel ont été revelez tous les ſecrets du Paradis : que tous les ſaints Apôtres à qui le Sauveur du monde a conferé la puiſſance de lier & de delier les ames, parlent & jugent en ſa faveur ; Enfin, que tous les Predeſtinez, & tous les Bienheureux qui ont ſouffert tant de tourmens en cette vie pour le nom de Jeſus-Chriſt, demandent pour elle, qu'après être degagée des liens de la chair, elle merite de parvenir à la gloire preparée aux élûs dans le Roiaume celeſte, par la grace de Notre-Seigneur Jeſus-Chriſt, qui vit & regne avec le Pere & le ſaint Eſprit dans tous les ſiecles des ſiecles. Ainſi ſoit il.

Si l'Agonie dure plus long tems, on recite les Pseaumes 117 *&* 118.

SI le malade est encore en état d'entendre ce qu'on lui dit, il lui faut suggerer de douces & de courtes aspirations, qui entretiennent sa devotion sans le fatiguer.

Mon tres-doux Jesus, n'entrez point en jugement avec votre serviteur.

Seigneur, oubliez mes pechez & mes ignorances, ô Fils de David, aiez pitie de moi.

Seigneur, hâtez-vous de me prevenir par vos misericordes; car je suis reduit à l'extremité de la misere.

O bon Jesus, recevez-moi au nombre de vos Elûs.

Appellez-moi à vous, ô bon Jesus, faites-moi venir à vous.

Tirez mon ame de la prison, afin qu'elle benisse votre nom.

Souvenez-vous, Seigneur, de votre creature que vous avez rachetée par votre precieux sang.

Aussi tôt que l'Ame est sortie du corps, on dit les prieres suivantes.

VEnez promptement, ô Saints de Dieu; accourez Anges du Seigneur, pour recevoir cette ame & pour la presenter au Tres-haut.

Que Jesus-Christ qui vous a appellée, vous reçoive, & que ses Anges vous portent dans le sein d'Abraham.

Seigneur, aiez pitié de nous.
Jesus-Christ, aiez pitié de nous.
Seigneur, aiez pitié de nous.
Seigneur, donnez-lui le repos éternel.
Et qu'il soit éclairé de la lumiere éternelle.
Des portes de l'enfer, Seigneur delivrez son ame.
Qu'il repose en paix. Ainsi soit-il.
Seigneur, exaucez ma priere.
Et que ma voix s'éleve jusqu'à vous.

ORAISON.

SEigneur Dieu, nous vous recommandons l'ame de votre serviteur N. & nous vous prions, qu'étant passé de ce siecle, il ne vive plus qu'à vous; & que tous les pechez que la fragilité humaine lui a fait commettre, lui soient pardonnez par votre infinie misericorde, & par la grace de Notre-Seigneur Jesus-Christ. Ainsi soit-il.

FIN.

TABLE

Des Titres contenus dans ce Livre.

TABLE.

Fin de la Table.

APPROBATION.

J'Ai lû un petit Traitté de la *Preparation à la Mort*, par le Pere Jean Craſſet, de la Compagnie de Jeſus. En Sorbonne ce douzieme Mai 1689.

COCQUELIN.

AUTRE.

J'Ai lû par ordre de Monſeigneur le Chancelier, la nouvelle Edition de la *Preparation à la Mort*, du P. Craſſet. Ce livre m'a paru ne rien contenir qui en doive empêcher la reimpreſſion. A Paris, ce 12 Août 1706.

JOLLAIN.

EXTRAIT DU PRIVILEGE.

CHARLES par la grace de Dieu Roi de Caſtille, de Leon, d'Arragon, &c. Archiduc d'Autriche, Duc de Bourgogne, de Brabant, Empereur des Romains, &c. octroie à FRANÇOIS FOPPENS, de pouvoir imprimer ſeul *les Ouvrages du R. P. Craſſet de la Compagnie de Jeſus, contenant la Preparation à la Mort*, &c. Et il defend à tous Imprimeurs & Libraires de les imprimer, de les contrefaire, de les porter, de les vendre, ou de les debiter étant ailleurs imprimés ou contrefaits, dans le terme de neuf ans, ſous l'amende de 30 florins pour chaque Exemplaire, comme il ſe peut voir plus amplement aux Lettres Patentes données à Bruſſelle le 9 Fevrier 1722 paraphées GRISP. Vt. & contreſignées LOYENS.

OUVRAGES
COMPOSEZ
PAR LE PERE CRASSET.

Les Considerations Chrétiennes pour tous les jours de l'Année avec la Vie de l'Auteur 12. 4. *vol.* à Bruss.

—— le même de l'Impression de Paris 12. 4 *vol.*

—— pour tous les jours du mois.

La Consolation des Malades. 2. *vol.*

Les Meditations sur la Passion de Notre-Seigneur J. C. 2. *vol.* 8.

—— sur l'Avent. 8.

Le Chrétien en solitude. 8.

Les Entretiens sur le St. Sacrement. 8.

La Devotion du Calvaire avec figures.

Considerations sur les principales actions du Chrétien. 8.

La Manne du Desert, ou Methode pour se preparer à une Retraite. 8.

La Preparation à la Mort. 8.

La douce & sainte Mort. 8.

La Methode d'Oraison. 8.

Le mois Chrétien. 12. Paris.

La vie de Madame Heliot. 8. Paris.

La veritable devotion envers la sainte Vierge. 8. Paris.

L'Histoire de Japon. 4. 2. *vol* fig. Paris.

La Foi victorieuse ouvrage postume du Pere CRASSET. 12. Paris 2. *vol.*

R. F. IMPRIMÉS

www.ingramcontent.com/pod-product-compliance
Ingram Content Group UK Ltd.
Pitfield, Milton Keynes, MK11 3LW, UK
UKHW022106260726
13993UKWH00001B/353